母亲的教诲
改变我的一生
升级版

稻盛和夫

爱的"哺育"与"反哺"

顽童

〔日〕稻盛和夫/著　曹寓刚/译

台海出版社

北京市版权局著作合同登记号：图字 01-2021-1800
GOTEYAN by Kazuo INAMORI
©2015 Kazuo INAMORI
All rights reserved.
Original Japanese edition published by SHOGAKUKAN,
Chinese (in simplified characters) translation rights arranged
with SHOGAKUKAN, through Bardon-Chinese Media Agency.
Chinese（simplified Characters）copyright © 2023 by Beijing Double Spiral Culture
& Exchange Company Ltd.

图书在版编目（CIP）数据

顽童 /（日）稻盛和夫著；曹寓刚译 . -- 北京：
台海出版社，2023.8
ISBN 978-7-5168-2946-2

Ⅰ . ①顽… Ⅱ . ①稻… ②曹… Ⅲ . ①稻盛和夫－人生哲学 Ⅳ . ① K833.135.38 ② B821

中国版本图书馆 CIP 数据核字（2021）第 062228 号

顽童

著　　者：[日]稻盛和夫　　　　译　　者：曹寓刚
出 版 人：蔡　旭　　　　　　　策　　划：双螺旋文化
责任编辑：徐　玥　　　　　　　封面设计：扁　舟
策划编辑：唐　浒　杨中秋　张汇元

出版发行：台海出版社
地　　址：北京市东城区景山东街 20 号　邮政编码：100009
电　　话：010-64041652（发行，邮购）
传　　真：010-84045799（总编室）
网　　址：www.taimeng.org.cn/thcbs/default.htm
E-mail：thcbs@126.com

经　　销：全国各地新华书店
印　　刷：固安兰星球彩色印刷有限公司
本书如有破损、缺页、装订错误，请与本社联系调换

开　　本：880 毫米 ×1230 毫米　　1/32
字　　数：106 千字　　　　　　　印　　张：8
版　　次：2023 年 8 月第 1 版　　　印　　次：2023 年 8 月第 1 次印刷
书　　号：ISBN 978-7-5168-2946-2

定　　价：58.00 元

版权所有　　翻印必究

目 录

推荐序一　爱的哲学　　　　　　　　　　001

推荐序二　"母亲"即"神明"　　　　　　009

推荐序三　家庭教育的神奇力量　　　　　017

推荐序四　根深业茂　　　　　　　　　　023

译者导读　心灵塑造　　　　　　　　　　029

序　章　温暖至今的小豆粥　　　　　　　　*001*

第一章　从爱哭虫到孩子王　　　　　　　　*009*
　　"窝里横"的次子　　　　　　　　　　　*011*
　　一哭三小时的"熊孩子"　　　　　　　　*021*
　　帮派领导的诞生　　　　　　　　　　　*040*
　　卖和服的母亲　　　　　　　　　　　　*047*
　　卖纸袋的小男孩　　　　　　　　　　　*055*

第二章　从父母那里继承来的东西　　　　　*071*
　　相得益彰的夫妇二人　　　　　　　　　*073*
　　士族身上的木刀气概　　　　　　　　　*089*

第三章　"正确的为人之道"的基础　　　　*105*
　　判断基准的根本　　　　　　　　　　　*107*
　　心灵的状态决定现实世界　　　　　　　*112*

命运要靠自己开拓　　　　　　　　　　　*125*

　　利他之心　　　　　　　　　　　　　　　*138*

　　若能再见母亲一面　　　　　　　　　　　*149*

第四章　京都大和之家　　　　　　　　　　*155*

　　为了那些心中留下伤痛的孩子　　　　　　*157*

　　员工也要幸福　　　　　　　　　　　　　*168*

第五章　应当教会孩子们的事　　　　　　　*175*

　　愿望一定能实现　　　　　　　　　　　　*177*

　　如何将愿望转化成现实　　　　　　　　　*187*

终　章　"母亲"即"神明"　　　　　　　*199*

附　录　　　　　　　　　　　　　　　　　*206*

推荐序一

爱的哲学

稻盛哲学用一个字来表达就是"爱"。那么,稻盛的爱的哲学是从哪里来的呢?

在本书中,稻盛满怀深情、娓娓道来,细致地描绘了父母,特别是母亲的爱。

小学五年级,冬日傍晚,稻盛在冰冷的地板上正襟危坐,长时间聆听校长教条式地朗读《赤穗义臣传》,熬到夜里10点,欲哭无泪,拖着冻得半僵了的身子回家,这时候"母亲在门口迎接我,带着往常的微笑对我说:'回来啦!快进屋吧!'一回到家,母亲为了让我冻僵的双脚恢复知觉,都会端出提前烧好的,而且水温正合适的洗脚水,让我的双脚舒舒服服地浸泡其中"。

接着,满满一碗甜甜的小豆粥端到稻盛面前,那热粥冒出的香气里,充满了母亲深情的爱。"我接过碗,一言不发地埋头吃起来,恨不得把整张脸都埋进碗里。小豆粥在一旁咕嘟咕嘟地煮着,在冒起的热气对面,母亲笑意盈盈地注视着我,无比的温柔。"

孩童时代,爱哭泣的稻盛的任性执拗,常让母亲在众目睽睽之下羞得无地自容。对付这么个爱折腾的小家伙要花费双倍的功夫。但是,母亲虽然偶有抱怨,却给予了他彻底的包容,让稻盛享受到了充分的安全感。

但这绝不是无原则的溺爱。

稻盛初中毕业,坚持要上高中,为此与父亲吵了一架,最后父亲迫不得已,卖掉了祖上留下的唯一一块薄地,供他升学之用。但15岁的稻盛玩心尚重,一下课就与同学一起玩业余棒球,非常热衷,经常玩到很晚。一次被出门卖米的母亲撞见，回家后，母亲把他叫到跟前，平静却郑重地对他说：

"和夫啊，当初为了上高中的事和你父亲吵成那样，好不容易上成了，如今却只顾天天玩棒球。你的那些朋友家里可能都有钱，但我们家却并不是这样啊！家里兄弟姐妹这么多，经济拮据，非常困难。但明明如此，和夫你却只知道玩棒球。"

没有呵斥，没有责骂，没有指示他具体该做什么。但就这么几句话，深深地触痛了稻盛的心，稻盛当即放弃了棒球游戏，转而动脑筋帮助父亲做生意。

正是母亲的这种严肃的爱，促使稻盛在反省中成长。

稻盛回忆说："父母都只有小学文化，教育孩子不是靠知识学问，一切都是心的教育。"

母亲常讲的下面一段话，让稻盛刻骨铭心：

"你们都不是干坏事的孩子。但不管是谁，当一个人独处的时候，就什么都想得出来，什么都做得出来,所以必须小心。一个人的时候是最可怕的。要记住,神佛一直在看着我们,无论身在暗处还是哪里,都必须站得端行得正……即使独自一人,也一定要提醒自己,神佛一直在看着,然后再行动。心中迷茫时,也要告诫自己:'神明在看着我呢,神明在看着我呢!'"

稻盛说:"母亲的教诲深深铭刻在了我心里,让我不可思议地做到了即使一人独处,也绝不做坏事。"

有言教,但潜移默化的,更有母亲的身教。

战后,日本政府按人头发放新币,存款一下子变成了废纸,稻盛的父亲一度消沉。一家11口人的生活重担,主要压在了稻盛母亲的身上。出于对家人的爱,母亲拼命努力,瘦小的身躯里迸发出巨大的能量。勤奋、乐观、有勇有谋、充满正义感、不惜自我牺牲……书中对此有许多生动的描述。

我们知道,稻盛哲学用一句话表达就是:"把'作为人,何谓正确',当作判断一切事物的基准。"换句话说,就是不以得失而以善恶作为判断和行动的基准。

但是，很多人不相信这一条。他们认为人是自私的动物，追求自身利益乃至权力的最大化，才是人的本性。以善恶也就是以利他之心做判断的基准，是根本不可能的，是违反人的本性的，因而提倡利他哲学是十足虚伪的。

然而，稻盛却信。为什么？因为稻盛从母亲身上看到了人性的真善美，看到了真善美爆发出来的威力。

把自己本性中的真善美发挥到极致，做人应该做的好事，不做人不应该做的坏事，把这一条做彻底，这就是稻盛哲学。

用自己的真善美来激发下属的真善美，这是稻盛终生实践的哲学，稻盛一辈子乐此不疲。京瓷、KDDI 的成功，日航的起死回生，京都奖，等等，不过是稻盛哲学的产物。

"天下熙熙皆为利来，天下攘攘皆为利往。"环顾四周，个人、组织乃至国家，至今都在为争夺自身的利益而纷争不息，大部分人都把利害得失作为判断和行动的基准，整个世界基本上仍然停留在利己文明的阶段。

如何从利己文明的低级阶段，升华到利他文明的高级阶段，稻盛做出了榜样。

向稻盛学习，在自己力所能及的范围内，把做人该做的好事做彻底，做到极致，做好榜样，给人信心，这就是我们的使命。

稻盛和夫（北京）管理顾问有限公司董事长

曹岫云

推荐序二

『母亲』即『神明』

誉满全球的经营之圣,耄耋之年独处时,总会情不自禁地喊:"妈妈!""母亲!"一天之中会出现四五次。于是,稻盛和夫著作新书《顽童》。他要通过怀念母亲之情,寻找自己灵魂成长的源头,告诉未来的孩子们如何成为一个自立、自主和自在的人。

稻盛和夫的母亲纪美把爱毫无保留地给了孩子们,以至于现在一提到"温柔",他就记起了母亲。当时母亲纪美要照看一大家子,还要照看父亲工厂的管理,还要为吃饭跑出去经营小买卖,还要给孩子营造一个温暖的氛围,以前感觉一些很自然的事,现在回想起来，那有多不容易呀！

母亲纪美通常"不管"。小时候小和夫一哭就是三小时，做妈妈的忙于干活就是不现身。结果从小就锻炼了稻盛和夫的肺活量，嗓音一直到现在都非常洪亮。而且，哭累了的小和夫还会自己找事干，爬到桌子底下去看木质花纹。纪美的"不管"，给了小和夫探索宇宙秘密的机会，诚可谓"处无为之事，行不言之教"。

"不管"的背后是信任。母亲纪美从小鼓励他要自立自强。每当小和夫回家哭哭啼啼说有人打他，母亲就给他递上一笤帚疙瘩让他去"打回去"。一次次的鼓励，小和夫真举起棍子，欺负他的小孩就跑了。于是，小和夫胆大了，上小学后就成了孩子王。孩子王的经历，早早地开发了稻盛和夫的领导才能。

母亲纪美给了小和夫无与伦比的信任。只要是小和夫发自内心认为自己在做正确的事，哪怕闯了祸，母亲也坚定地站在他的一边。信任的暖流一次次让小和夫泪流满面，让他知道那是内在无穷暖能量的来源。

母亲纪美还用行动告诉稻盛什么是"斗魂"。有一次稻盛和夫最小的叔叔被一个岁数大的"士族"的孩子打惨了。父亲碍于"平民"的身份无动于衷，母亲则奋不顾身，拿起一把刀就领着稻盛和夫的小叔叔去那个小孩家叫板，让稻盛和夫每次想起都激动得不行。

母亲给了稻盛和夫无比深厚的同情心和同理心。从小一言一行都在熏陶小和夫，让他知道己所不欲，勿施于人，推己及人，将心比心。母亲毫不利己，专门利人，也让小和夫对利他有了刻骨铭心的体认。让他知道了作为人，什么是该做的，什么是不该做的。给他心灵深处植入了一颗"作为人，何谓正确"的种子。

稻盛和夫深信，每个人自立、自主、自在的人格和思维，都是在童年期长成的。在书的末尾他说：

"所以我现在深切地感受到，'母亲，谢谢您'就是'神啊，谢谢您'的意思，'母亲，对不起'就是'神啊，对不起'的意思。对于让耄耋之年的我还能产生这种觉察的母亲，我发自心底地想要表达感谢。"

稻盛和夫真正悟道了。别人都注重套路、模式、形式、经验、律条，而他却独自跪拜自己人格思维的源头——也就是万事万物当下的母亲、源头或大道。

老子说："众人皆有以，而我独顽似鄙。我独异于人，而贵食母。"老子常用"母亲"形容大道。在这里说的"贵食母"，就是说万事万物的大道本源。"贵食母"我理解就是"每个当下直落根本，实事求是"。这是一个觉醒的人所必修的课程。其内在含义可以稍稍拓展一下：

保持开放，保持空杯；直落根本，实事求是；到一境灭一境，入一步杀一步，得一趣忘一趣，知一妙去一妙。

著名心理学家荣格读到老子的"我独异于人，而贵食母"，一下子就顿悟了。一切的套路和形式都烟消云散,他独创了一个以"集体无意识"为依归的荣格心理学。"集体无意识",也就是"先天无意识",那是所有人类思维意识的本源。

一如稻盛和夫,当我们每个人,每个当下都可以"贵食母",都可以"直落根本,实事求是",那样就会少了无数纷争,我们每个当下都可以是自立、自主、自在、活泼的有创造力的人。

知名管理哲学家　王育琨

推荐序三

家庭教育的神奇力量

号称日本经营之圣的稻盛和夫先生,以其传奇式的成功,在工商业界享有广泛的尊崇。众多管理人士认真学习他的理念,希望从中汲取他丰富的管理经验和深刻的经营之道。这样一本书,想必也会是他们认真阅读的书籍。

我想如果以非常功利的心态,期望从这本书中学到所谓立竿见影的秘诀,大概会很失望。因为这种所谓的"秘诀",只存在于那些忽悠人的培训课程中,世上根本就没有这种投机取巧者奢望拥有的诀窍。

但是,如果我们真能平心静气地阅读此书,相信会比缴天价学费上那种培训课程得到更多的收获。稻盛和夫的父母其实都是普通人，并无轰轰烈烈的传奇，也没有成就什么伟大的功业。就是这样普通的，而且有缺点、有不足的父母，却可以通过他们的言传身教，把合理的价值观教导给孩子。比如父亲通过实际行动支持教导稻盛和夫，要将自己认为对的事情坚持到底，无论多么艰难；而母亲则用自己的乐观善良将"利他之心"教给了稻盛和夫；等等。而稻盛和夫今天又通过在全世界对众多的工商人士的教导，将来自父母的善良品格，传给了更为广泛的人群。

稻盛和夫在书中花了不少篇幅来介绍中国古籍《了凡四训》，介绍他对"因果法则"的理解，从他在经营企业时的"心怀善念，身行善事"的所作所为，可以看出《了凡四训》对他的深刻影响。可能许多人没有注意到，《了凡四训》本来就是明代袁了凡教育孩子的家训，堪称中国家庭教育的经典之作。家庭教育，今天许多人只理解为对青少年的教育。而以《了凡四训》为代表的家训，则不局限于青少年的教育，是对于后代子孙终身的价值观和人格教育。因此，与中国古人对家庭教育的理解相比，我们就显得过于浅薄狭隘了。

稻盛和夫的母亲是一位普通的家庭妇女，她的做人之道，对生活的态度，通过家庭教育在稻盛和夫身上产生的影响，将可能进一步放大、扩散。可见，即使一个默默无闻的普通人，无论地位尊卑，能力大小，只要重视家庭教育，都有可能产生出改变世界的神奇力量。

清华大学副教授　蒋劲松

推荐序
四

根深
业茂

稻盛和夫成就的非凡事业，中国企业家非常熟悉，耳熟能详。企业界带着好奇心，一直在探求稻盛先生带领京瓷、拯救日航的商业奇迹背后的"秘密"。殊不知，非凡的背后竟是"平凡"——百善孝为先，孝亲敬祖，根深业茂。

2011年，我有幸为中国的企业家分享《了凡四训》。巧的是，稻盛和夫也曾在日本为企业家讲授《了凡四训》的生命法则。从明朝流传至今的《了凡四训》，不仅影响中国人，也影响了日本等国400多年。《了凡四训》说："忠孝之家，子孙未有不绵远而昌盛者。"

谁没有父母？哪个孩子不需要父母？孝亲是再平凡不过的事情了。但是，平凡中蕴藏着非凡的生命力量，值得今天的中国企业家重视。

孟子说："尧舜之道，孝弟而已矣。"（弟，通"悌"。）尧舜是古代中国的伟大帝王，他们是何以成就伟大事业的？孝悌。难怪《论语》说："君子务本，本立则道生。孝弟也者，其为仁之本与。"孝悌是生命的大根大本，百善孝为先嘛。

《大学》是流传2000多年的帝王之学，"君子先慎乎德，有德此有人，有人此有土，有土此有财，有财此有用。德者本也，财者末也"。德，道德，孝是道，顺道者昌，逆道者亡。

《易经》说："积善之家，必有余庆。"积善，利他，利父母，利先祖，孝亲敬祖是第一善。企业家，每个人都是一棵生命树。我们是树，谁是生命树根？爸爸妈妈、爷爷奶奶、列祖列宗是我们的生命树根。孝亲，就是我们这棵生命树与树根"连而不断"的生命状态。树断根必枯，人不孝必衰，诸事不顺皆因不孝。连根养根，自然根深业茂。业，学业、家业、事业、企业、民族大业，也是中国人所追求的"五福临门"——长寿、富贵、康宁、好得、善终。稻盛和夫，就是从孝门走入"五福"大道的。

《顽童》是稻盛和夫写给自己母亲的，有感动，更有心心念念的感恩，其中也揭秘自己精彩人生的"谜底"。"父母呼，应勿缓；父母命，行勿懒；父母教，须敬听；父母责，须顺承。"稻盛和夫完全依照《弟子规》做到了"连根养根"。命不离心，心不离根，人心向祖，根深业茂。

稻盛先生回忆说，自己 80 多岁了，"总会情不自禁地呼唤'母亲'"。他的父母学历不高，只念过小学，但常常教导子女"坚持正确的做人原则"。母亲说："即使独自一人，也一定要提醒自己，神佛一直在看着，然后再行动。"慎独，自我管理，自律，这是成就伟大人格的必备品质。稻盛先生说："母亲的教诲深深铭刻在了我心里，让我不可思议地做到了即使一人独处，也绝不做坏事。"

父母不仅言传，更是身教。稻盛先生回忆说："父亲是一个沉默寡言的慎重派，正义感很强；母亲乐观爽朗，虽然为人温柔，却内心坚毅，关键时候能够挺身而出。作为企业家，踏实稳健地推进工作，这样的工作态度遗传自父亲。尤其是我还继承了父亲特别讨厌借钱的慎重性格。"又说，"（父亲）这种小心谨慎的性格似乎也遗传给了我，所以我在企业经营方面以'绝不贷款'作为信条，从京瓷成立的早期开始，就以不贷款的方式展开经营，直到今天。"

敬天爱人，父母是我们生命的天。让传统文化"活"起来，稻盛和夫先生从孝亲入手，经营"利他"思想，提升心性，拓展经营，用平凡创造非凡的事业，是学习中国文化的成功典范。大道至简，《孝经》说："孝悌之至，通于神明，光于四海，无所不通。"生意兴隆通四海，财源茂盛达三江，通则不痛，从先通父母之心开始……

知名心理学家　智然

译者导读

塑造心灵

译者导读　心灵塑造

本书《顽童》是稻盛和夫先生晚年追忆自己童年的著作。书中十分翔实地记录了作者童年时代的成长经历，以及晚年出资建立儿童福利设施等的心路历程。

首次拿到本书，一个问题浮现心头：稻盛先生为什么到了耄耋之年，还要特地回忆自己的童年，并留下如此翔实的记录，哪怕"写下这样的事有些难为情"？也就是说，稻盛先生写作本书的目的究竟是什么？带着这样的问题，我通读了本书，并最终找到了令自己满意的答案。

稻盛先生一生坚定奉行利他信仰，不仅致力于为人类社会整体的进步发展做贡献，同时也希望对他人的人生有所助益。他一生都在不断探索如何才能度过幸福美好的人生，并且证得了其真谛，他本人充满戏剧性却又极为圆满的人生就是其写照。

对于所有人来说，度过幸福美好的人生，都可以说是人生的终极目的。稻盛先生认为，"人生中的一切都是自己内心的投射""无论何时，都要修心"。也就是说，人的心灵状态决定了人生幸福与否。而决定人生幸福与否的这颗"心"，是可以不断地加以磨炼提升，进而影响甚至决定人生的。

所以，作为一个"过来人"，稻盛先生创作本书，探究自己精神世界形成的渊源，探索自己心灵塑造的源头和过程，对每一个普通人而言都具有巨大的意义和价值。我想，这正是稻盛先生写作本书的主要目的。

通过本书，稻盛先生对于度过美好人生的核心要素，也就是心灵的塑造，进行了深入的剖析和总结。从书中内容来看，他把一个人的心灵塑造分成了两个阶段：第一个阶段是从产生自我意识的孩提时代到踏入社会之前；第二个阶段则是踏入社会之后。在第一个阶段中，主角是父母；在第二个阶段中，主角则是自己。

中国古话说"三岁看小，七岁看老"，弗洛伊德认为，童年的经历会影响人的一生。可见，孩提时代所形成的精神基底，在人的精神发育中占有极为重要的位置。但在成年以前，孩子缺乏自主意识，对世界懵懂无知，需要父母家人的呵护。可以说所有人，如果没有父母家人的呵护，就很难顺利成长。从这个意义上说，在孩子幼年期的心灵塑造方面，父母的影响占了绝大的比重。

本书的重点之一，就是详细阐述在稻盛先生的童年和少年时期，父母的思维方式、行为方式对其的影响，以及这种影响对其心灵的塑成作用。在稻盛先生细腻的笔触之下，其父母的生动形象跃然纸上，其中对母亲的追忆尤为触动人心。

"温暖至今的小豆粥"让我们感同身受，感受到母亲纪美无比的慈爱；"温暖的九口之家"则呈现出父母平日里对待所有孩子的脉脉温情。父母平时虽然都极为忙碌，但对待孩子的态度却非常温和，几乎没有打骂。除了这些平时生活中身体力行的对孩子们的关爱之外，父母带给稻盛先生的更为宝贵的财富，则是他们的人生态度和行为方式。

父母二人都深信神佛，坚守道德，充满了正义感。

父母，特别是母亲常常教诲童年的稻盛："神明在看着呢！"这在日后演化为了稻盛先生判断一切事物的基准——"作为人，何谓正确"也成了他构建利他哲学体系的原点。

少年稻盛经常打架，但母亲却认为，只要是自己认为正确的事情，即使打架也在所不惜，甚至会逼着稻盛"再打一次"。

父亲对稻盛较为严格，但当稻盛和小学老师发生冲突时，在听完前因后果之后，父亲还是默默地支持了少年稻盛的正义感，让稻盛深感宽慰。在父亲的带领下前往山中隐蔽念佛的经历，在相当程度上塑造了稻盛先生的感恩心。

父母二人都是十分努力之人。

战前，父亲曾在印刷厂当学徒，因为勤奋踏实，所以受到客户的支持而创业。独立经营之后，仍然兢兢业业，勤勤恳恳，深受周边客户的喜爱。

母亲则总是非常忙碌，婚后不但要照顾几个小叔子，还要照顾自己陆陆续续生出的七个孩子，同时还要作为父亲的帮手，打理印刷厂的工作，可谓忙碌至极。

父母二人都非常善良，对身边人都极为照顾。

母亲为了家人奋不顾身地付出努力自不必说，父亲宁可冒着被感染的巨大风险，也要悉心照顾自己罹患肺结核的弟弟。

在战后的日子中，父亲因为印刷厂被毁而大受打击，一时难以振作。这个时候母亲挺身而出，拼命工作，想尽一切办法维护家庭，避免了全家陷入流落街头的悲惨境地。同时，尽管生活极为窘迫，母亲还是坚持让兄弟二人继续上学，直至毕业。

在这些基础品德方面父母拥有共性，但在性格方面两人却截然不同。父亲沉默寡言，谨小慎微，拼命工作，绝不贪心。稻盛先生在企业经营中始终恪守的"无贷款经营"，遗传自父亲的性格；同样，被称为"买一升"的即用即买的原则也来源于父亲和母亲的争论。

母亲不但热情开朗，而且还兼具商业头脑和斗争精神，这在当时的鹿儿岛人中十分罕见。稻盛先生认为自己后来之所以能在商业世界中大展宏图，很大程度是因为母亲的性格的遗传。

此外，少年罹患肺结核时接触宗教书籍的经历，对稻盛先生认识"因果法则"起到了决定性的作用；为帮扶家计从事纸袋销售的经历，则帮助他了解了商业世界，开阔了眼界，形成了初步的商业思维。而这些事情也都离不开父母的间接影响。

毫无疑问，父母的爱，特别是母亲的身教，为塑造稻盛先生的心灵奠定了良好的基础。然而，本书的字里行间流露出了本书的另外一个重点，就是成年以后对自身心灵的塑造和护持。

稻盛先生这样写道："每个人的心灵都是需要自

己看管照顾的。一味放任不管，心灵势必会沦落为一座长满欲望、愤怒、嫉妒和不满的杂草的庭园。若想拥有百花争艳、芬芳四溢的心灵庭园，重要的是要时时审视自己的内心，观察其状态并给予照顾和维护，种下关爱与感恩的种子。"

在踏入社会之后，稻盛先生不忘持续塑造和护持自己的心灵，不断抑制自己的利己心，发扬自己的利他心。实际上，稻盛先生将人生视作修行，一生都在不断地塑造自己的心灵。不管遇到什么问题，他都坚持用"作为人，何谓正确"这一基准做出判断。所以，他不仅家庭幸福，而且事业极为成功。

稻盛先生写道："我参与经营了京瓷、KDDI和日航这三家企业。这些企业之所以都能持续展开卓越的经营，并非偶然。说得直白一点，我认为，这些企业的状态，就是经营这些企业的我本人的心灵状态。"

获得这种结果的原因，不仅在于儿童时代奠定的精神基础，更在于其成年后不断"提高心性"，也就是不断向着更好的方向塑造自己的心灵。

稻盛先生认为："虽然有人认为人的性格与生俱来，后天无法改变，但我相信，只要不断耕耘心灵的庭园，不断进行这种训练，就一定可以改变。只要持续地、真挚地直面自己的内心，就能塑造更为高尚的人格，性格也会变得更为美好。"

为了帮助读者领会这个道理，稻盛先生甚至给出了具体的方法："例如，每天入睡前几分钟，尝试闭上眼睛静静回想当天发生的事情。如果这一天里充满了欲望、愤怒以及不满等，就应该及时自省。告诫自己，不能如此下去，一定要成为更加善良、更加开朗的人，这其实就是对自身心灵庭园的耕耘。"

除了在商业领域做出的杰出贡献之外，稻盛先生还通过创立"京都奖"、建立"大和之家"等各种社会公益事业，来实践和传播他的利他思想。

本书中着重讲述了建立"大和之家"的前因后果。不难看出，为了帮助缺乏父母照顾的孩子们，稻盛先生希望将传承自父母的爱，通过"大和之家"这个福利机构，传递给他们。

从选址、设计、装修，到人员选拔、日常运营、员工教育等方方面面，稻盛先生都考虑周详，甚至亲自参与，亲力亲为。这实际上在某种程度上替代了父母，为孩子们创造了塑造心灵所需的良好环境。

稻盛先生在一生中都不断强调的"命运与因果的法则"，在心灵塑造这个方面，也同样清晰呈现。出生在哪个家庭，哪个时代，拥有怎样的父母，孩子无法自主选择，这些都属于命运的部分，父母和家庭对孩子性格的形成有着无法替代的作用，在某种程度上塑造了孩子的心灵雏形。所以，本书可以面向父母和老师，帮助他们理解自身行为对孩子们的深刻影响。同时，帮助他们理解、教育孩子，其实同时也是自身心灵塑造的一部分。

然而，人生中还有更为重要的自我塑造的部分。不管父母给予了多少关爱，孩子长大以后终究还是要独立面对人生的风雨。所以，成年以后，是否能够持续地塑造和护持自己的心灵，将会决定我们以何种心态对待学习和工作，对待朋友和家人，对待人生中的苦难和挫折，等等，而这又将决定我们人生的结果。

  从这个角度上看，本书对所有人都有巨大的意义和价值。每个人都希望度过幸福美好的人生，因此对心灵的自我塑造就必不可缺。对此，稻盛先生不仅做出了杰出的示范，而且还通过本书把其中的关键信息清晰地呈现给了读者。希望广大读者能够领会到当时已经年至耄耋的稻盛先生的良苦用心，从本书中找到实现幸福人生的启示，意识到心灵塑造的重要性，并努力将其付诸实践，开拓属于自己的幸福人生。

上海稻盛利他阿米巴策划咨询有限公司董事长

曹寓刚

序章

温暖至今的小豆粥

"母亲……"

一个人独处时，我总会情不自禁地这样喃喃自语。这种情况，一天之中会出现四五次，年轻时从未如此，过了60岁以后才出现，我自己也不明白原因。白天忙于工作时不会发生这样的情况，但每天清晨醒来和夜晚临睡时，却常常突然意识到，自己正轻声呼唤着"母亲"，这让我自己都感到惊讶。高兴的时候，或深感幸福的时候，我会轻念："母亲，谢谢。"心中涌出牢骚抱怨的时候，或宿醉醒来的时候，则会念道："母亲，对不起。"

虽然写下这样的事有些难为情，但我一定是自小就非常爱母亲。母亲始终用她那难以言表的、巨大的爱包裹着我。

不管发生什么，总是不由自主地喃喃自语"母亲"。时至今日，也仍然有另一个我在某处微笑注视着这样的自己。

有时我会想："明明是个80多岁的老头儿了，竟然还这么孩子气。"

每当我想起母亲的温柔与温暖,似乎还能闻到那泛着丝丝甜味儿的小豆粥的香气。我出生于鹿儿岛,这里的人在教育孩子时,极其重视正义感和武士道精神。

可能是作为这种教育的一环,每年的旧历12月14日,也就是曾发生"赤穗义士事件"的这天,校长都会照例面向学生宣讲"赤穗义士传"。

这天,小学四年级以下的学生会被召集在礼堂,学校会放映适合孩子看的连环画剧,阐述赤穗义士的忠义,对学生进行教育。

五年级以上的学生,则要听更复杂一些的内容。老师会为大家讲一个名为片岛深渊的人写的《赤穗义臣传》,学生们则跪坐在礼堂内专心听讲。当天,我们傍晚在礼堂集合,讲解持续到了晚上十点左右。虽说是在温暖的鹿儿岛,但12月的夜晚也着实寒冷。冰冷的晚上,我们在没有任何取暖设备的礼堂里,一边冻得浑身战栗,一边听着完全不懂的讲解。木质地板冷得像冰面一样,我们光着脚跪坐在上面,一坐就是几个小时。等到老师的讲解结束时,我的双腿已经完全麻木了。

好不容易熬到结束,我往家里走时几乎要哭出来了。母亲在门口迎接我,带着往常的微笑对我说:"回来啦!快进屋吧!"

一回到家,母亲为了让我冻僵的双脚恢复知觉,都会端出提前烧好的,而且水温正合适的洗脚水,让我的双脚舒舒服服地浸泡其中。

泡完脚,我长舒了一口气,朝火盆走去。

这时,母亲满满地盛好一碗用栗饼和黑糖煮的小豆粥,温柔地说:"来,快吃点东西吧!"我接过碗,一言不发地埋头吃起来,恨不得把整张脸都埋进碗里。

小豆粥在一旁咕嘟咕嘟地煮着,在冒起的热气对面,母亲笑意盈盈地注视着我,无比的温柔。

母亲的名字叫纪美。

也正是从母亲纪美那里,我学会了做人的重要道理。这些道理不是嘴上说说的某些词汇。

但是,每当听到"温柔"这个词时,我立刻就会想起母亲。母亲的存在对我的影响是如此之大,时至今日,仍然在我心中占据十分重要的位置。

23 年前,82 岁的母亲与世长辞。今年[①],我自己也已 83 岁,走过了比母亲还要漫长的人生。现在,我有时会不由自主地想,对我来说,母亲究竟是怎样的存在呢?她到底给我的人生带来了怎样的影响呢?

关于"作为人的正确活法、何为人生目的"等内容,通过许多经验的积累,我逐渐构筑了自己的哲学思想。

现在看起来,这些理论都是用我的语言表述出来的,但其原点,毫无疑问是我的幼年期。

不仅仅是我,所有人的人格基础,早在童年时期

---

① 今年:指 2015 年。

就已形成。而在成长过程中，对孩子影响最大的毫无疑问就是父母。

我自己也不例外。尤其是我深深敬爱的母亲，她的影响时至今日仍然深深地留在我的心中。

近来，我常在新闻报道中听到缺乏道德观和伦理观的年轻人的所作所为。同时，身边也时常有人提及，感觉如今的很多年轻人自私自利，缺乏感恩之心。

我一直相信，我们日本人都拥有基于佛教教义的"利他之心"，但这其实是经由我们的父母代代相传教给我们的。

如果现在的年轻一代没有这种胸怀，那原因一定只有一个——就是大人并没有教给他们。

战争是残酷的，它曾让这个国度沦为一片废墟。但在这样的战乱之中度过幼年时期的我们，并没有成长为心灵贫瘠的一代，唯一原因就是长辈们的存在——他们用严肃且温和的方式教会了我们应该如何度过人生。

尽管我们曾经犯错，曾经失败，但他们充满爱的目光始终守护着我们。

没想到如今已经成为爷爷的我，还会写下对母亲的眷恋之情。我祈愿，本书可以超越单纯的怀念之情，探寻我自己磨炼灵魂之路的源头，记录作为人的正确的人生之道。同时，孩子们将会肩负这个国家的未来，如果本书能对教育他们的人有所启发，对我来说将是莫大的喜悦。

第一章 从爱哭虫到孩子王

"窝里横"的次子

热闹的九口之家

几乎在鹿儿岛市的正中心,有一座山叫城山,那是西乡隆盛[①]辞世的地方。

我出生的药师町(现在的城西町),就位于流经城山脚下的甲突川河畔。我是父亲畦市、母亲纪美的

[①] 西乡隆盛(1828年1月23日—1877年9月24日):日本江户时代末期的萨摩藩武士、军人、政治家、"维新三杰"之一,代表下层武士的利益。

次子。

虽然事实上我出生于 1932 年（昭和 7 年）1 月 21 日，但大概是因为父母一直忙于工作和照看孩子，向政府部门提交登记的时间晚了，所以我的户口页上写着是那一月 30 日出生。

家里兄弟姐妹一共七人，我有一个哥哥，还有三个妹妹和两个弟弟。

虽然完全算不上富裕，却是一个总是热热闹闹的家庭。

之所以这么热闹，还有一个原因。我们家经营着印刷业，印刷机工作时马达会发出轰隆轰隆的震动声，日日不绝于耳，连周日也不停歇。

父亲是一位十分稳重温和的人，记忆中他训斥我的次数屈指可数。平常在印刷厂帮忙的工人也有十来个，但无论对自己的孩子还是对这些工人，都没怎么发过火。

留在我记忆中的，只有父亲默默工作时的背影。

印刷厂的活版印刷机不停地运转，我记得马达上面总是很暖和。一到冬天，我就会爬到上面取暖或玩耍。回想起来，只要那时我的脚稍稍往旁边伸出一点就可能被传送带卷进去，但父亲即使看到这样的我也绝不斥责。

因为大部分工人都是居住在附近的大婶，所以每当工作时间延长，晚上下班太晚，她们就会和我们全家人一起围着巨大的长桌吃饭。

母亲不仅要操持家务和照顾孩子，还要负责工人们的工作分配。虽然后来雇了保姆，但为其分配工作的，还是母亲。

母亲忙碌的一天从清晨就开始了。母亲一边做饭，一边还要准备白天工厂作业会用到的糨糊。做好这项准备工作是为了让工人一到就可以立即开工。

然后，母亲开始叫孩子们起床，等我们吃上饭，再去叫父亲起床。父亲虽然性情温和，但身上总有一些大男子主义，早上不太怎么早起，把开工前的准备工作全交给了母亲，母亲一整天要干的活儿非常繁杂。

关于摘枇杷和温泉之旅的回忆

父亲年轻时在印刷厂做学徒期间，往来的纸商中有人看中了父亲工作时的踏实劲儿，便把旧的印刷机器转让给父亲，让父亲自立门户。我正是在这个时候出生的。

父亲把家里的一间独立小房子拿来做了工作场地，立起了"稻盛调进堂"的招牌。商标图案是左右两边各垂放一根稻穗的大黑天[①]财神。

我家马路对面有鹿儿岛实业高中和鹿儿岛中学，那里的大订单源源不断，"稻盛调进堂"的生意似乎从一开始就顺风顺水。

但由于价格低廉，其实并没有真正赚多少钱。不过，父亲认为"能养活一家人就足够了"，所以

---

① 大黑天：佛教的护法神，在日本人心中也掌管着农业与财富。

不仅毫无怨言，而且还经常为了能按时交货而彻夜赶工。

那位纸商越来越看重父亲，说下次带一台做纸袋的自动制袋机来，还说："购买设备所需的钱不着急付，几年后付清也没问题。我介绍一些纸袋生意给你。"

这是扩大业务的难得的好条件。但父亲一直坚信"做得多不如做得精"，所以固执地跟对方强调"没钱"，一直没有答应。

虽然父亲最后还是没能经得住劝说，导入了自动制袋机，但他对新事物向来非常小心谨慎。

周围人这样评价父亲："明明手艺那么好，畈市先生也太无欲无求了。"

为了维持印刷厂薄利多销的业务，父亲连周日都会默默地努力工作。但在偶尔的休息日里，他也会带全家出游。

其中尤其让我期待的，是去樱岛摘枇杷。在我小时候，樱岛上有一面山都是枇杷园。到了果园，我们先使劲儿吃枇杷，待到吃饱了，再往背包里装枇杷，直到塞得满满当当。

盂兰盆节①和新年放长假时，我们一家人也会去温泉疗养。我记得最常去的就是位于甲突川上游的河头温泉，而且吃饭一定有寿喜锅。因为太喜欢这样的旅行，所以每当父母说"一起去河头吧"时，孩子们都会欢呼起来。

现在回想起来，对当时的父母来说，这样的温泉疗养和寿喜锅大餐肯定也是一种奢侈的享受。

提起新年，以前我们还经常一起回母亲的娘家。

只要身为长女的母亲带孩子回娘家，母亲的父母一定会非常热情地欢迎我们。对母亲来说，一年带着身着新年盛装的孩子们回娘家一次，应该也是无比期待的大事吧。我想，母亲也想趁此机会向自己的父母夸耀，自己嫁了一个事业心很强的丈夫，日

---

① 盂兰盆节：佛教徒为超度先祖亡灵所举行的仪式。

夜勤勉努力地工作，让全家人都过上了还算富足的生活。

母亲的父亲，也就是我的外公，总是一边招呼着"和夫，来了啊"，一边把压岁钱塞给我。

每次我打开袋子，都能看到50钱的银币。当时有一种"一钱杂粮点心店"，在店里一钱可以买到一个杂粮点心，所以对当时的孩子来说，50钱是一笔"巨款"。

在母亲的老家，还有两三个待字闺中的妹妹。在我看来，虽然她们辈分上是我的姨母，但其实年龄差距并没有那么大。

一看到外公给我的压岁钱，姨母们就会不满地抱怨："哎呀，父亲竟然给了和夫50钱压岁钱，我们都没有拿到过呢。"

我已经记不得那50钱是怎么花的了。但我想，大概是被一丝不苟的母亲收入钱包了吧。

爱哭虫、胆小鬼

父亲畎市匠人味十足,忠厚老实,是一个"叩着石桥也不敢过河"的小心谨慎之人。

母亲纪美则性格开朗,善于交际,虽然并不是特别擅长讲话或开玩笑,但却从不负面地看待问题,从没有坏心眼,始终保持着积极向上的心态,待人也亲切和蔼。

之前也提到过,母亲每天都会早早起床为一家九口,以及当时与我们住在一起的祖父和堂弟一共11人准备早餐,此外还要给神龛、佛龛换水,打扫卫生……母亲就这样日复一日从不停歇地忙碌着。

父亲即便看到这些,也从不帮忙做家务。我觉得,到了现在即使是九州男人这么做也行不通,但在那个年代,盛行的还是"萨摩隼人[①]"的思维方式吧。

即使在这样的环境中,母亲还是每天都笑意盈盈。

[①] 萨摩隼人:萨摩人的美称。萨摩人面色黝黑,身型粗短,行动矫健,作风凶狠。

在家里和工厂走动时，还会亲切地和周边的女性员工打招呼："多亏了你们的帮忙。"

我想，在当时工人们的眼里，母亲是一个勤劳的人，而且是如同太阳一般的存在。

母亲有时还会帮父亲打理生意，甚至做得比父亲还好。

这样的两个人生下的我，也是一个开朗活泼的孩子。据说，和亲戚们在一起的时候，我经常会做一些有趣的事逗大家笑。我想，这一点应该与向来乐观开朗的母亲很像。

但另一方面，我又是一个"窝里横"的爱哭的胆小鬼。尤其是上小学之前，可以毫不夸张地说，几乎所有的记忆都是伴随着眼泪的。

从快要上小学的时候开始，我总和附近比自己年纪大的孩子在原野上追逐玩闹，但也常被这些大年纪的寸头小子们嘲笑是个胆小鬼。

我至今还记得，每当他们先跑过农田的田间小路，掉队的我总是眼泪汪汪；如果是被丢在了河岸边，我就干脆一直哭个不停。

不过，我至少还是个"萨摩男人"，所以最后还是会鼓起勇气追上前去，但那时的我，是一个现在完全难以想象的胆小鬼。

一哭三小时的"熊孩子"

只想独占母亲

既胆小又爱"窝里横"的我,在家里是个十足的"熊孩子"。

不仅对家人,甚至连常在我们家打工的十几个工人和保姆面前,我也非常喜欢撒娇。大家都喜欢叫我"小和夫",每个人都宠爱着爱哭又麻烦的我。

尤其在母亲面前，我更是肆无忌惮地撒娇任性，在兄弟姐妹中无人能及。当然，这不是说母亲在众多兄弟姐妹中只偏心我一人，而是我总爱拼命撒娇，就像她只是我一个人的母亲似的。可能是因为每天忙碌不堪的母亲不怎么陪我玩，而且兄弟姐妹又太多吧，我才会那么想独自霸占母亲的爱。

我每天从早到晚地跟在母亲身后，抓着母亲衣服的下摆不放，她去厨房我就跟着去厨房，她去厕所我也跟着去厕所。

"哎，这孩子可真让人头疼！"

据说如果母亲试图甩开我的手，我就会哇哇大哭，于是无可奈何的母亲只好作罢，放任我到处跟着她。

这种情况从我蹒跚学步开始一直持续到了我上小学之前。在我长大后，听母亲说，"只要感觉到有个什么东西在手里，那一定是和夫的小手"。

大我三岁的哥哥完全是一副成熟稳重的大哥模样，根本不会像我一样跟母亲撒娇。我上小学之后，母亲又生了两个妹妹,但在所有孩子中,我一直是最爱跟母亲撒娇的。

在鹿儿岛,有一个说法是"熊孩子"。

所谓"熊",就是"爱发牢骚",不乖乖听话,只知撒娇任性给对方添麻烦。这种性格的小孩被称为"熊孩子"。

上小学之前的我,就是一个彻头彻尾的"熊孩子"。最能体现这一点的,就是周围大人们给我起的外号。

不仅是家人,还有工人们都叫我"三小时爱哭虫"。因为我一哭起来,就一定得哭上三个小时。

或许是我的哭声实在太过响亮,在附近邻居中也出了名:"你听,小和夫又要哭上三个小时了!"

油盐不进

每次的"三小时哭泣",差不多都会经过一个固定的流程。

午觉醒来，发现屋内只有自己一个人，感觉害怕极了，便不由自主地呼唤"母亲"。

可根本没有人回应，也没有人来。

于是我又叫了一声："母亲……"

结果还是没能听到母亲赶来的脚步声，只听见位于别院的工厂传来熟悉的机器轰鸣声。

"哇……"

于是，"三小时爱哭虫"开始爆发了。

"哇……哇……"

哭声越来越大，但仍然丝毫看不到母亲赶来的迹象。

最后，我干脆把被褥翻得一团乱，又是捶胸顿足，又是踢隔扇、踢拉窗的，甚至还用脚把隔扇拉窗什么的踢出一个大洞来。

其实，母亲老早就听到我的哭声了。但由于工厂的活儿实在腾不出手，加之必须给女工们分配工作，所以没办法说离开就离开。

我（左）与母亲纪美、哥哥利则（右），摄于自己家

尽管如此,但只要听到我脚踢隔扇或拉窗的声响,母亲就没办法再放任不管,只好放下手里的活儿,无可奈何地直起腰。

她一边口中念叨着"哎呀哎呀,到底有什么好哭的""对不起,对不起,我来晚了"之类的话,一边温柔地伸出双手安慰我。

这时我就该停止哭泣了,但我却没有。非但不会停下来,反而会哭得更大声。

之前的哭是为了呼唤"母亲,快点来吧",其中包含着这样的心情:"我这么想你,你为什么不陪着我呢?!"

接下来的哭泣则是在抗议"为什么你来得这么慢"。虽然母亲照我的期待赶来了,但我内心还是止不住地想:"为什么我这么难过,这么孤单,你却不能早点来赶来呢?!"

没办法,实在管不了了。作为母亲来说,恐怕也非常无可奈何吧。毕竟正在工作,这么做也会给身边人增加麻烦。

不管是劝还是哄都丝毫没有效果,我还是油盐不进地哭个不停,母亲只好又一个人回到工厂去了。

于是我又开始哭:"为什么要离我而去啊!"

如此这般,我不断变换着理由,哭得没完没了。

我不知道是不是真的哭了有三个小时,但肯定有一个小时左右。但因为太缠人了,母亲开始叫我"三小时爱哭虫"。

在幻想的世界里遨游

实际上,哪怕是我,只要哭上一个小时,也会累得筋疲力尽。我至今仍然记得,哭完之后,心情是如何平复下来的。

记得在家里的一间八叠[①]间里,有一张招待来客用的大矮桌。不知道是用樟木还是什么做成的,总之是一件非常漂亮的家具。

---

① 叠:是指榻榻米,八叠是指八张榻榻米。一叠约为1.6平方米。

我会钻到这张桌子的下面，仰面躺着，望着桌子的顶板发呆，那上面有由木纹交织而成的复杂图案。

　　刚哭完的我精神恍惚，用蒙眬的泪眼望去，那些花纹有时看着像某个不熟悉的国家的地图，有时看着像某个海岸的风景，这些海岸上夹杂着海潮退去后露出的海滩，几对亲子在海边赶海①。有时还能看到机翼上印着红日的飞机，或低空飞翔，或快速上升在高空中盘旋。

　　幻想漫无边际，我沉浸在各种有趣的故事之中。房间天花板上也有木纹，有时那里也会成为我想象的大舞台。随着在幻想的世界里不断遨游，我的心情也渐渐平复下来，在不知不觉中就睡着了。

　　我从小就是一个喜欢想象的孩子。尤其在哥哥上小学之后，家里没人可以陪我玩，所以经常一个人在想象的世界中遨游。

---

① 赶海：居住在海边的人们，根据潮涨潮落的规律，赶在潮落的时机，到海岸的滩涂和礁石上打捞或采集海产品。

当时，有一个叔父经常带着我们兄弟俩去看电影——他就是兼一叔叔，那时，比父亲小十岁的他和我们住在一起。

和呆板的父亲不一样，兼一叔叔非常时髦，是稻盛家首屈一指的"开明派"。也就是通过这位叔父，我得以了解外面的世界。

但无论他带我去看什么样的电影，我都毫无感动。我总是自负地想："这种故事，自己随随便便能写一大把。你看，我猜都能猜到接下来的剧情会怎么发展。要是换我来写，肯定能写出精彩的故事。"

虽说像榎本健一主演的电影等，有时也会让我着迷，但除此之外的大部分作品对我来说都很无聊。

所以，我觉得大人都很幼稚，竟然为了这种娱乐支付高价，也在内心惊讶于"'大人'的头脑难道都这么简单吗"？

明明自己就是"熊孩子"，就是让大人头疼不已的"三小时爱哭虫"，却也有这种骄傲自大的心态。

关于小白兔的回忆

我记得还有一件事情，可以看出我是一个不折不扣的"熊孩子"。

在鹿儿岛，每到春天就会举办名为"木市"的集市活动，各个摊位鳞次栉比，主要出售花草树木。热闹的市集里，除树木之外，还有销售糕点等其他物品的摊位。

母亲虽然一直十分忙碌，但难得有这样的机会，所以会带着孩子们一起去逛。记得某一年"木市"的一天，当时我正好快要上小学了，那天除了我，哥哥也一起去了。

在琳琅满目的许多店铺中，我看到了一家卖小兔子的店，于是停下了脚步。

只见几只小兔子蹲在笼子里，它们有着红红的眼睛，浑身包裹着软软的绒毛。

店家从中取出一只，让我抱抱看。我小心翼翼地接过这只小兔子，一边念着"乖乖，乖乖"，一边轻

我（左）也经常形影不离地跟哥哥（右）玩耍

轻地抚摸着它。我感受到了生命的温暖,多么可爱啊!我突然特别特别想要这只小兔子。

我拽着正要离开的母亲的手,死乞白赖地说:"给我买!"

母亲说:"买兔子干吗?!"根本无视我的要求。对母亲来说,这样的购物毫无意义,纯属胡乱花钱。

见母亲这般反应,我立马哇的一声大哭起来,然后开始"掏耳朵"。

所谓"掏耳朵",是鹿儿岛方言,意思是"挖地面"。具体说来,就是捶胸顿足地撒娇耍滑,简而言之就是胡搅蛮缠。

我要赖地往地上一坐,使劲儿跺脚,恨不得把地面刨出个坑来,口里不断嚷嚷着"给我买"。和往常一样,无论母亲怎么制止,我都哭个不停。

母亲不为所动,只顾拉着我走,想让我放弃。但我的哭声越来越大。一旦我下定决心,任母亲说什么都听不进去。

店家很无奈，路过的行人也纷纷投来惊讶的目光。

母亲大概是想到了："要真是在这儿连哭三小时，就太难看了。"于是开始用温和的话语尝试说服我。

"和夫啊，你真要养兔子，就必须负责一直喂它哦。如果你能做到每天都自己去找食物喂它，我就答应买给你。你要是不喂，小兔子会死的。你能答应好好照顾它吧？"

"我答应，一定能！"

我二话不说就答应了，这下兔子终于名正言顺地属于我了。而且母亲给我买的还是一对，所以回家路上我满面春风。

当时，或许母亲也希望能通过"每天给兔子喂食"这件事教育一下没有耐性的我吧。

回家之后，我很快做了一个笼子，开始把兔子养在里面。

刚开始时，我会去附近的甲突川畔采一些繁缕[①]

[①] 繁缕：一种植物，又名鹅肠菜、鹅耳伸筋、鸡儿肠。

等植物给小兔子吃。

但正如母亲所预料的那样,养兔子的热情只持续了三天左右。我渐渐厌倦了兔子,把它们扔在一旁就自己跑去玩了。

结果照顾小兔子的任务就落在了本来就忙得不可开交的母亲身上。善良的母亲虽然嘴上抱怨,但从那之后一直替我照顾着。

兔子是一种繁殖力很强的动物。因为我买的是一对,所以它们生下了越来越多的小兔子。

我至今还记得,那时候母亲经常会数落我:"明明是你自己答应要养才买回来的,真是!"

体会到真正的接纳

我从未有过遭受母亲严厉训斥的记忆。即使努力想要回忆起来,但结果只能说真的一次都没有。

虽然社会上总有人说,自己母亲拥有优秀的人格,自己从小就受到母亲的严格教育,所以母亲的教诲至今仍是自己的精神食粮。但我的母亲绝不属于这一类型。

母亲所做的，只是日复一日，真实地展现自己开朗乐观，而且为了他人拼命努力工作的生活态度，同时，用她那无与伦比的爱包裹着自己的孩子。

当然，母亲也不是什么都容忍我们。只要是违背做人原则的事，母亲一定会严肃教育，"这个不行"，从不溺爱我们。

那两只小兔子也不是我一要就立马买给我的，而是在狠狠反对之后才答应的，并且，对于我最终没有遵守约定这件事，也冷静地批评了我。

但是母亲通常都会接纳一切结果。就像无论她多么忙碌，都会耐心照顾好我买回来的兔子。

做错事情时，母亲会严厉地批评我们，但她绝对不会放弃自己的孩子。对绰号"三小时爱哭虫"的我也是一样。明明是一个让人操碎了心的孩子，但她绝不会放任不管或不带我出去。

面对一个为了得到自己的关注和照顾而大哭大闹，

甚至踢隔扇、踢拉窗的胡搅蛮缠的孩子，如果是一般的母亲，大概都会狠狠教训或严厉斥责吧。但我的母亲，完全不会这样，她只会一边口中说着"真是个烦人的孩子"，一边接纳这样的我。

我想，正是母亲的这种状态，不仅让孩提时代的我获得了巨大的安全感，支撑了我的精神世界，而且时至今日，也依然是我的精神支柱。

我是家里七个孩子之一，母亲从未溺爱过我，也从未偏心于我，但我却很有自信，相信自己在成长的道路上，始终被深深的母爱所包裹。而且我也相信，其他兄弟姐妹们也有同样的自信。

即使不能常伴身旁

自己被母亲深爱着长大，我的这种实际感受并非来源于母亲"始终都陪在我的身边"。母亲常常不在我身边，以至于我不得不使出"大哭三小时"这一"强硬手段"。甚至可以说，使出了这一招之后，更多的还是被放任不管。

前面也曾多次提及，我的母亲是一个非常忙碌的人。除了帮助父亲处理工作之外，还要分配工人和保姆们的工作，另外还必须照顾七个孩子。

尽管如此，在我成长的过程中，始终都能感受到"母亲深爱着我"。从这一点来看，也许所谓的母爱，并非一定是要时刻陪伴身边才能传递的东西。或许像我母亲这样，反而是在没有很多时间陪伴孩子的情况下，才更能给予强烈的爱吧。

我认为，只要母亲的心里牵挂着孩子，爱着孩子，有一颗温柔守护孩子的心，那么不管和孩子接触是多还是少，都能引导孩子走向正确的人生方向。

如今，我们迎来了物质极为丰富的年代，但我却担心，越来越多的父母恐怕无法再以心传心地教育孩子——"爱"是一件多么重要的事。

到此为止，我一直是"窝里横"的"熊孩子"。但到了小学三年级左右，身体也长高了，这下又摇身

038 | 顽 童

妹妹过七五三节①的时候。左上为笔者

① 七五三节：是日本独特的一个节日，每年 11 月 15 日，3 岁和 5 岁的男孩，3 岁和 7 岁的女孩，都要穿上和服跟父母去神社参拜。

一变，成了"孩子王"。

当时我几乎每天放学后都会带上四五个"小弟"回家。至今仍记忆犹新的是，在八叠间的那张大桌子上，几乎随时都摆放着四五人份的点心。有时是十来个蒸番薯，有时则随意放着一些粗粮点心，等等。

明明应该很忙碌的母亲，却总能掐着我从学校回来的时间为我和"小弟"们准备好这些零食，而且每天如此，从未间断。

当时的我认为这一切都是理所当然的，如今回想起来，能坚持日日为我们准备这些，真是一件了不起的事情。

母亲虽然并没有时刻陪在我身边，但对我的关心一直都在。

那些摆在桌上的点心，就如同是这种关心的象征，被铭刻在了我的记忆之中。

帮派领导的
诞生

"我不要一个人去！"

现在再回头聊聊刚上小学时的事。

虽然我在家里一向顽皮，但当我面对陌生的外面世界时就变得十分胆小怯懦。

1938 年（昭和 13 年）的春天，我开始在家附近的鹿儿岛市立西田小学上一年级。入学典礼结束后，小孩们都各自找到了自己的教室,乖乖坐在了座位上。然后每个班的班主任老师和大家寒暄打招呼。送孩子来上学的家长们,也站在教室后面一起听。

但结束了一番发言后,老师说了一句:"好了,各位家长,请先回家吧!"

我听完老师这话立马着急了。马上回头看了看教室后面的母亲,发现她可能正担心印刷厂的事,准备马上回去。

我见状,立马从座位上站起来,哇哇大哭地追着母亲跑了起来。虽然能感觉到老师和同学们以及其他家长全都在身后看着我,但我哪儿有心情管那么多,只要想到母亲要把我一个人丢在学校自己回家去,眼泪就流个不停。

母亲该对我有多无可奈何啊!想走却走不了,只好独自一人在教室里一个我能看见的角落站着。

虽然时隔多年,但母亲总会一想起来就念叨那件事,对我说:"你叮真行,一点儿也不觉得丢人。"

那以后，我每天都磨磨叽叽不愿意去学校，还厚着脸皮对母亲说："我不要一个人去上学！"

母亲实在拿我没辙，刚开学的好几天都亲自把我送到学校。到了学校之后只要看到母亲有要回家的迹象，我就会哇的一声大哭不止，对此，母亲和班主任老师一定都感到非常头疼吧。

有时，春天开始升入四年级的哥哥会不情愿地拉着我的手带我去学校。

因为我讨厌上学，所以走路总是慢慢吞吞地。每当这时，哥哥都会催我，嚷着"快点儿，快点儿"，如果我跟不上，最后就会把我一个人丢在路上自己先去学校。于是，我又会"嘤嘤"地抽泣起来。翻来覆去，乐此不疲。

偶尔，和我们住在一起的兼一叔叔会担任起这个责任，用自行车载着哭哭啼啼的我去上学。

就这样，和在家里判若两人，一到外面就无精打采的我，学习成绩却意外不错。一年级期末时拿到的成绩单，全部写着"甲"。在甲乙丙丁四个等级中，全是最优的"甲"。

父母非常意外。母亲欣慰地说："我们的亲戚中，还是第一次出现这么有出息的孩子。"遇到周围的街坊逢人就夸耀。我想，母亲一向那么担心我是个"胆小又缠人的孩子"，那时一定格外开心吧。

"中等派系"小头目的心得

我刚开始不愿上学，一度让家人很头痛，但时间一长也渐渐喜欢上了学校。不久，我交到了一些新朋友，开始觉得跟大家一起玩耍也很开心。

差不多上二年级时，我开始感觉班级就像自己家里，于是渐渐变得像在家里一样任性，展现出自己顽劣的一面。前面提到，我后来成为一群孩子的小头目，也是从这时开始的。

说起那个时代的游戏，主要是在我家附近的河里钓鱼或玩打仗游戏，尤其是打仗游戏是男孩们必定会玩的。

游戏按照侦察兵、工程兵等分配角色，把用草做成的勋章佩戴在胸前，在那个没有现在这么多玩具的时代，玩游戏需要在各个方面开动脑筋。

当然，打架也是家常便饭。

在男孩的世界里，打架的厉害程度决定了在团队里的排位。虽然我算得上是一个老大，但并不是班里最大的老大，顶多算是小派别或中派别的"老大"。

当时我最关心的一件事，就是身为"老大"的自己如何才能持续掌管自己那个派别。我带领的这个小团伙，由我家附近的五六个成绩中下等的孩子组成。我平时很照顾他们，经常给大家分发软糖或奶糖等零食。

但这些小弟也不会一直死心塌地跟着我。只要我展示出一点点软弱之处，他们就会毫不留情地离我而去。为了阻止这种事情发生，即使遇上明知会输的打架，我也必须鼓起勇气主动迎战。但只要这场架输掉，那些小弟一样会离我而去，想想真是无聊到可笑。

每次打架，我的小弟人数就会减少或增加。虽然还是个孩子，但每一天也过得波澜万丈，有笑有泪。

现在回想起来，也许从那时开始，我就通过游戏打闹，一点点学习统率团队的领导者之道。

成绩总是低空飞行

虽然在开启学校生活的一年级时，我曾取得让父母喜出望外的优秀成绩，但从那之后到小学毕业，我每天都耽于玩乐，完全没有把心思放在学习上。

因此，我的成绩一直犹如低空飞行。加之父母并没有批评我，我的玩心也就越来越大。

在我家没有书本这种东西存在。因为父亲从事的是印刷业，所以家里永远堆满了纸张和印刷品，得益于此，我认识的字相对比别人多。但要说到书本，无论是大人看的还是小孩看的，我们家几乎一本都没有。虽然漫画之类的书父母会买给我，但当我去朋友家玩的时候，看到别人家的书架上摆放着文学全集等，才发现跟自己家里不一样，这时总会涌起一种掺杂着羡慕的复杂心情。

现在，只要听到从小读过很多书的人说话，总会觉得，想必小时候的大量阅读对这个人的人生影响深远吧。我深切感受到，自小生活在一个书籍众多、随时有书可看的家庭环境中，对孩子的教育应该有着至关重要的作用。

童年的我，曾经问过一次父亲。

"为什么我们家没有书呢？"

父亲的回答直截了当："书又不能当饭吃。"

大概因为不怎么重视学业，无论父亲还是母亲，都不会干涉关于学习的任何事。记忆里，即使在我成绩不断下滑的时期，他们也没有说过我一次："要好好学习！"

兴许这是由于父母都只有小学文化，更可能是因为仅是从事家里的事业就已经分身乏术了，哪有余力再来管学习的事？

卖和服的母亲

战火摧毁了工厂

1945年8月,日本宣布无条件投降。

历经空袭之后,鹿儿岛也被烧成一片荒原,粮食和其他生活物资都十分匮乏。

这时,我们开始为自己的生存而奋战。在那之前的一年,我中考失败,只好上了国民学校高级科。那一年我心情沮丧，到了年末，竟然患上了当时人人惧怕的"不治之症"——肺结核。幸运的是，在一家人一起死里逃生地度过战后混乱期的过程中，我的病竟不知不觉地痊愈了。

这件事情我后面再细说。现在，我想先来回顾一下全家人在战后的奋斗经历。

在战火中，父亲不仅失去了家宅，也失去了工厂。印刷机器悉数化为灰烬，根本无法开工。父亲备受打击，茫然失措，完全失去了干劲儿。

母亲每天都苦苦劝说父亲："重新把印刷厂做起来吧！"但父亲就是说什么也不答应。为什么呢？因为开工厂就意味着必须再买一批新的印刷机器，因而就不得不借一大笔钱了。对"叩着石桥也不敢过河"的谨慎派父亲来说，伸手向人借钱之类的事情，是绝对难以想象的。

父亲为人忠厚老实，深受周围人的信赖，据说银行甚至发话，"如果稻盛先生来，我们当然会贷款给他"。

即便如此，父亲还是不肯点头答应。

母亲想尽办法劝说父亲，但父亲丝毫不为所动，只说："你说的这是什么话？在战争把经济搞得一片狼藉的时候向银行贷款，要是经营不顺，会是什么后果？"

父亲的理由是："咱们家孩子多，一不小心这个家就可能四分五裂。这种危险的事情我怎么做得出来？"

父亲勤劳能干，母亲长年以来对他寄予厚望，所以对母亲而言，这一定是一件特别无奈的事吧。

"我也干活，和你一起。我们像以前一样干吧！"

但无论母亲怎么劝说，父亲都没有改变心意。

存款犹如废纸

父亲原来一直主张把资产用现金的形式存储起来。父亲小学毕业就开始做学徒，切身体会过贫穷的痛苦，所以对于自己辛苦赚来的钱有着比对任何东西都强烈的信赖。

父亲总这样对母亲说:"到了五十岁,我就不工作了,靠银行利息生活!"

虽然印刷业这种生意薄利多销,但据说父亲一直都在一点点为自己积攒"养老钱",并存入银行。战争爆发前,在我们家经济尚有富余时,附近有好几家待售的空房子,母亲向父亲提议一定要买下来。

"我们把钱留下一半,另外一半拿来买地或买房子吧!这样就有房子可以出租了,万一发生意外,也能补贴家用。而且,最近有人找上门来,问我们要不要买地或买房,说现在买的话可以抄底价买入!"

多次听到别人这样劝说,母亲每次都会心动。

但父亲一口咬定:"说什么呢!实物什么的是靠不住的,现金才最重要!"还摆出了自己的一贯主张,"存钱能产生利息,但房子和土地都是产生不了利息的。过多少年也不会变多一点!"

为了这事,父母三天两头都会争论。

然而，曾如此被父亲看重的现金，在战后却因为始料未及的恶性通货膨胀而转瞬化为废纸一般的存在。

雪上加霜的，是所谓的"新日元封锁"。政府发行新的日元，按照人均多少的形式进行配给之后，旧币就变得毫无用处了。

长年视若珍宝的东西突然变得一文不值，这让笃信"现金至上"的父亲心灰意冷。

"看吧，我早就说过！如果当时买了房子，现在多少也能贴补一点家用。都怪你，当时我怎么劝也不同意买！"

我现在还记得母亲冲父亲抱怨的样子。那时，父亲总是沉默地听着母亲的这些数落。

售卖食盐与和服的日子

虽然全家失业，存款也一夕之间化为乌有，可总不能一直这么茫然自失。父母二人，兄妹七人，加上祖父和一个父母双亡的堂弟，我们是一个有着十一口人的大家庭，不能停留在没有收入的状态。

结果，一大家子人只好住到疏散点，开始了与艰苦生活的战斗。父亲靠卖自家生产的食盐赚些钱。制作方法如下：切开金属桶，做成大锅，然后把废材作为燃料给海水加热，在水分蒸发后提取出盐。

除了平常有人来我家购买我们制作的食盐，父亲也会拿到农村去卖，换回一些米、番薯、酱油或茶叶等。这些换来的物品，留出足够家用的量之后，会继续拿出去卖。

母亲也琢磨着如何用她自己的方式养活家人。

什么才是村民所需要的呢？她想到了衣物。

于是，母亲带着自己的和服来到市集①等地方，把衣服卖给农民，以此换取米粮。

虽然我们在战前算不上什么奢侈之家，但多少也

---

① 市集：第二次世界大战之后，日本民间一些零售商人无视"经济统治"制度，私下在某些固定场所买卖生活必需品等物资。此处指的就是那些地方。

算富裕，所以母亲拥有很多上等品质的和服。战后母亲将其一件件地出售，用以养活家人。

母亲把自己的和服卖得一件不剩之后，就去市集购进和服，再拿到农村去，以物换物地换回一些粮食。

母亲向来体质欠佳，肠胃非常不好，身体也比较孱弱。加之她性格柔和，一定要形容她的性格的话，我觉得就是温和敦厚。

但就是这样的母亲，在战后困窘不堪的紧要关头，毅然挺身而出，用自己的力量带领家人走出困境。连续两年，母亲每天都要乘坐挤满了退伍军人的巴士，去往农村。

我至今都觉得不可思议，原本娇小纤弱的母亲身上，怎么会蕴藏着那般无与伦比的勇敢和刚毅的精神力量。我想虽然那是她原本就具备的，但真正唤醒她力量的，一定是那颗深爱家人的心。正是因为母亲拼尽全力的献身付出，我们一家最终才没有陷入流落街头的悲惨境地，这么说也不为过。

即使在这样的境况之下,母亲也让我和哥哥去上学,而且每天早上都一定会做好盒饭让我们带去学校。无论多么严寒的早上,她都会送我们兄弟二人穿过崎岖小路,直到走上宽敞的大路。听说附近的邻居见状,也劝过母亲:"明明有那么多孩子,何苦还要让兄弟俩继续上学呢?"但在母亲看来,既然孩子已经上学了,就一定要让他们读到毕业,这是为人父母的义务。

卖纸袋的
小男孩

不顾父亲的反对

昭和23年（1948年）2月，我们一大家子人离开疏散点，回到了原先居住的药师町生活。因为有人要帮助我们在曾经的废墟上修建家园。

那年春天，恰逢我中学毕业。我告诉父母，我想继续上高中。

父亲说:"你也这么大了,难道看不出来我们家过得不易吗?你父亲我在如今这个世道也找不到什么像样的工作,只能靠售卖食盐为生。你母亲的和服也卖光了,可她还是每天出去收购,还要照顾几个年幼的妹妹。这种时候没法让你读高中,马上给我出去工作!"

但我并未就此放弃。一方面哥哥也在鹿儿岛实业高中上学,而且对于父亲迟迟不愿重拾战前所从事的印刷业,我也颇为不满。

我对父亲说道:"即使家里困难也该让我上高中,这难道不是为人父母应尽的义务吗?旧制中学都有五年,我还想再多读点书,一定要继续上学!"

话音刚落,父亲的巴掌就落到了我的脸上,下一秒我就被赶出了家门。虽然是我把向来寡言稳重的父亲惹怒到了如此地步,但另一方面,一直坚信只要努力就会得到回报的父亲,大概也被战后不尽如人意的窘迫生活逼得走投无路了吧。而且,看着家中尚且年幼的孩子们,父亲也当然会对家人的未来充满强烈的不安。虽然发生了这件事，但父亲最终还是同意了我的要求。我终于能够兴高采烈地升入鹿儿岛市高等学校了。父亲卖掉了从祖父那里继承的土地，凑够了我的学费，那块土地是他"最后的堡垒"。

父亲为了我上学付出了这么多，按理我应该心怀感恩好好学习才是，但刚刚15岁的我精力旺盛，总是无法安心学习。结果从入学第一天开始，就又回到了过去和朋友们成天疯玩的日子。

母亲的话让我下定决心

那个时期，在孩子们的游戏世界中，已经看不到之前流行的打仗游戏了，代表和平的棒球取而代之，成为新的流行。

孩子们所崇拜的，是以"巨人军"的川上哲治选手为代表的出类拔萃的棒球运动员，他们是人气超高的全民巨星。虽然那时还没有电视机，但收音机里所播放的他们的活跃事迹，让少年们心潮澎湃，无比兴奋。

高中放学之后，我几乎每天都会和朋友们打业余棒球比赛，直到天黑。因为没有正式的棒球和手套，打球用的道具都是我们拿身边可以获得的材料临时制作的。棒球是其中一个家里开鞋店的同伴做好带来的，是用做皮鞋的皮革一层一层卷出来的；接球手和一垒手使用的手套（mitt）和普通手套（glove）是由同伴们让自己的母亲或姐姐等用碎布做成的；球棒则是使用了木片和校舍的窗框。

我擅长投球，于是和一个从中学时代就一起玩棒球的伙伴轮流担任投手。因为从"孩子王"的时代就养成了善于照顾人的性格，分配队员位置也成了我的职责。

这时我没有打算上大学，而是计划高中毕业后就在当地的鹿儿岛银行上班，所以完全荒废了学业。这样的日子一直持续着，直到有一天，我刚回家就被母亲叫住了，母亲用不同寻常的语气对我这样说：

"和夫啊，当初为了上高中的事和你父亲吵成那样，好不容易上成了，如今却只顾天天玩棒球。你的那些朋友家里可能都有钱,但我们家却并不是这样啊!家里兄弟姐妹这么多,经济拮据,非常困难。但明明如此,和夫你却只知道玩棒球。"

母亲绝没有用责骂的语气,而只是用平静的、劝导的口吻跟我说了这些。

母亲甚至没有让我放弃棒球,也没有命令我帮家里做事。或许正因如此,母亲的话对我而言反而影响巨大。我内心油然升起深深的歉意。当时母亲的背上还背着刚出生不久的幺弟。生完这个弟弟的第二个月,母亲就开始挑着大米四处叫卖了。母亲就是这样,为守护自己的家人而日夜操劳。

我明明是家里的老二,却不仅没有照顾弟弟妹妹,还要求父母送我上了高中,到了学校却耽于玩乐,根本没把心思放在学习上。

"不能再这样下去了!"

我幡然醒悟,下决心做一些力所能及的事来帮补家用。

高中时代,和挚友(右)的合影

重开纸袋生产

我思来想去，最终想到的是让父亲生产包装点心等的纸袋，再由我带出去沿街叫卖。

生产纸袋这事，对我们家来说并不陌生。战前家里开工厂时，也曾用自动制袋机生产过纸袋。那台机器非常好用，先把一捆捆纸张放在传送带一样的东西上，再由机器自动剪裁，然后自动制成一个个纸袋。

虽然那台机器已经在战火中化为灰烬，但战前在工厂引进机器之前，一直是雇用附近的大婶们分工合作用手工完成的。所以我想，即使没了那台机器，也可以用当时的生产方式重新开始生产。

我也看过父亲用手工裁剪纸张，并且一直记忆深刻。父亲把所有体重都压在裁纸刀上，一口气把五百张纸全部裁断。大婶们把裁好的纸张按尺寸分开折叠，最后把纸张粘起来做成纸袋。

我向父亲提议："我们重新开始做纸袋吧！我来卖。"像往常一样，父亲这一次也没有立即点头答应。

那时,父亲已经开始少量从市集买回纸张,对其进行裁剪加工。因为"稻盛调进堂"曾经生意红火,给客户留下了信任。但和战前独立经营不同,现在只是作为副业。

母亲依然隔三岔五地劝说父亲:"孩子他爸,你手艺那么好,何不自己再开个工厂呢?"但父亲不仅没有改变谨慎的性格,而且战后越发不愿意尝试冒任何风险的事情了。

即便如此,我还是三番五次地央求父亲,父亲终于同意重新开始生产纸袋。大概也是因为父亲看到了母亲日夜操劳的样子。

只要父亲下决心,之后的事情就顺利多了。宝刀不老的父亲迅速找回了引进自动制袋机之前的状态,毫无保留地发挥自己的技术。父亲的技艺还是一如既往的精湛。

母亲负责粘纸袋,她那灵巧的手艺也让我刮目相看。不久之后,就需要请周围的大妈大婶们来兼职分担粘纸袋的工作了,生产纸袋的业务日渐步入了正轨。

集市上的大名人

我负责把父母和大姊们做好的纸袋拿出去卖。

记得那时生产的纸袋大概有大大小小十来种尺寸。我把这些标有"稻盛调进堂"的纸袋二三十个分为一叠,放入竹编的大筐之中,再往自行车的后架上一放。

和如今设计精巧的自行车不一样,那时的自行车非常注重实用性,所以后架很大。因为我们会尽可能多地把纸袋装在上面,后架上的重量就会过大,骑的时候自行车的前轮几乎就要翘起来了。

虽然自上小学起,我就完全成了"孩子王",但性格中还残留着从前腼腆和怯懦的部分。加之那是我第一次出来沿街叫卖,所以刚开始的时候非常害羞。记得那时最讨厌在路上遇到熟人,要是在进某家店时看到与自己年龄相仿的女孩,还会尴尬地掉头逃走。

所以，我到现在还记得，有一位之前就认识的卖糕点的老婆婆，到她那里卖纸袋时，我的心情是最安稳的。

起初，无论看到什么店我都会闯进去问："您好，请问需要纸袋吗？"但我很快意识到这样做的效率太低。

于是，我制定了一套自己的"战略"，就是把鹿儿岛市内分为七个区。

为什么是七个区呢？因为一周有七天。我定好星期几在哪个区活动，比如周一在这个区，周二在那个区，这样按照固定日期对应固定区域的方式编好轮班顺序。

事实证明，这个方法是正确的。因为这样一来，商家也能知道我哪天来，这让订货方便很多，纸袋的销售额不断攀升。那段时期，每天高中下课后我哪儿都不去就直奔回家，一到家就蹬着自行车出门卖纸袋。连周日也不休息，从早到晚都在外面叫卖。通过每天不懈怠的努力，渐渐有了一些固定客户。没用多久，我不仅跟大型点心店的老板混了个脸熟,连小胡同里糕点店的老板也全都认识我了。

那个阶段,到处还都有市集,即使只算大规模的,在鹿儿岛市内也有五六处。

我在这些地方认识的人也越来越多。市集最大的好处就是可以卖出大单。

无论走到哪个市集,一定会遇到掌管这个市场的颇有威信的大妈,一看到我,她们就会大喊:"小哥来了,小哥来了!"然后把我的纸袋抢购一空。当她们偶尔看见我的自行车货架上还有卖剩下的纸袋,都会热情地说:"今天就全搁这儿吧!"将其全部买下。此外,她们还经常把我介绍给其他大妈。我被大家亲切地称呼为"卖纸袋的小哥",在大妈之间颇受欢迎。

了解流通的规则

时日久了,即使是我初次踏入的店面,店家也对我早有耳闻。

一天，当我蹬着自行车去往下一个目的地的时候，店铺前面一个大婶叫住了我，说："就是你吧？那个卖纸袋的小哥！"

这位大婶经营的是一家糕点批发店。她说，鹿儿岛县内的各个市镇村里的糕点铺都到她这里进货，生意做久了，那些人提出"希望能顺便买到装点心的纸袋"，可以批量购买。

大妈向我提出："我们店就从你这儿进货好了！我们的进货量可以轻易超越其他家好几倍。"

那时我还不知道，世界上有一种生意叫批发。所以大为赞叹："原来如此，还有这种做生意的形式啊！"于是，我满心感谢地接受了大婶的提议。

很快，我们的交易就开始了。我先把纸袋按照不同尺寸送到这家批发店，等到销出去之后就追加补充。

于是，我家的纸袋销量很快就大大增加，跟当初挨家挨户地向零售店推销相比，简直是天壤之别。我需要花上一天时间才能卖出的纸袋数量,这家批发店几乎一次就能完成。

虽然价格被压低了些,但这部分价差完全可以被销量所弥补。更重要的是,我得以实地理解了流通业的规则,那是非常难得的宝贵经验。

没过多久,别的糕点批发商听闻这桩生意后也找到我。"喂,小哥,听说你在给那家店批发纸袋,给我家也带点货来吧!"就这样,我又从那家商户处获得了订单。

蜂拥而至的订单让我和父亲忙得不可开交。

据说在我开始纸袋行商之前,鹿儿岛市内的纸袋都是由北九州的大型纸张销售商一手承包的。据说,我只用了一年时间就把这家纸商赶出了鹿儿岛市场。

人生中第一笔生意

如今想来,纸袋行商是我人生中第一次商业体验。当然,我是在没有任何商业知识的状态下开始的。我想，如果当时稍微懂得一点成本、售价、盈利等的原理，一定能让销售数字变得更漂亮。

当时我根本没有成本意识，价格什么的全都和父亲商量决定。而且，只要市集的大妈们说一句："再便宜点吧！"我就无法拒绝，只好降价出售。

傍晚回到家，我把卖纸袋的钱装进信玄袋①里交给父亲。因为算账全部由父亲做，所以我也不知道一天下来是赚是赔。但当时的生意那么顺利，销量也那么大，我觉得应该赚了不少钱吧。

父亲总是高兴地把钱从"信玄袋"里拿出来，一张张地抚平，接着开始全神贯注地清点起当天的销售款。

进入第二年，我越来越迫切地希望增加一些人手。

于是雇了一个刚中学毕业的男孩来帮忙，他比我小两岁。为了他，我又买了一台新自行车，那台自行车在当时高达一万多日元。换作现在，大概相当于买

---

① 信玄袋：一种布制提包，平底，封口处系绳。明治中期以后开始流行。

了一辆微型汽车。

然而，本来是以"会骑自行车"为条件雇的，但实际上那个孩子完全不会骑车。我只好马上开始教他，每天在家附近的学校操场从后面推着车帮他练习。我们两个人后来一起四处跑生意的生活持续了一年左右。我上了高三，决定要逐渐把这项工作停下来，因为需要开始考虑上大学的事了。

那时，哥哥已经在日本国营铁路上班。但正巧那段时间他的身体出现了问题，于是哥哥开始帮我做卖纸袋的工作。

等到哥哥对这份工作越来越熟练的时候，我就把自己的工作全部交给了他和雇来帮忙的男孩。

那之后，哥哥被当时从我家订货的一家糕点批发店的老板看中，问他："要不要到我们这里来上班？"于是哥哥成了这家店的专务，开始专门经营这家批发店。人生就是这样，永远不知道会出现什么样的缘分。

第二章 从父母那里继承来的东西

相得益彰的
夫妇二人

两个性格截然相反的人

如果问我，人生中对我影响最大的人是谁，我会毫不犹豫地回答："是父母。"

虽然两人都只是小学毕业，但他们都拥有优秀的人格。

父亲是一个沉默寡言的慎重派，正义感很强；母亲乐观爽朗，虽然为人温柔，却内心坚毅，关键时候能够挺身而出。两个人的性格可以说截然相反。

而我，则继承了双方的性格。

作为企业家，踏实稳健地推进工作，这样的工作态度遗传自父亲。尤其是我还继承了父亲特别讨厌借钱的慎重性格。

同时，母亲对我的影响也很大。比如即使遭遇逆境也能始终保持积极乐观的态度，这应该就是母亲遗传给我的。

除了性格之外，还有商业才能。我觉得母亲能想到在市集购入和服，再拿去农村进行物物交换，其实是因为她天生就拥有经商头脑。

在战前向父亲提议先买一些房屋和土地以备不时之需，从这一点上也能看出母亲具备商业眼光。

童年时期的我，从来没有想过自己会成为一名经营者。但现在看来，母亲身上的经商血液，也一直在影响着我的事业经营。我完全继承了母亲身上的善良、勇敢和刚毅等品质，而这些品质在企业经营中发挥了非常重要的作用。

从父母那里继承的尽是优点，我真是无比幸运。想到这里，感激之情不禁涌上了心头，不由得对早已离世的父母双手合十。

父母的婚姻

父亲畩市出生于明治40年（1907年）。家中一共兄弟四人，父亲是长子，下面有三个弟弟，父亲一家原先居住在乡下，后来搬到了鹿儿岛市内。大正7年（1918年），年仅11岁的父亲小学毕业后，很快就被送去印刷厂做了学徒。

为了贴补家用，父亲拼命工作，生性踏实的父亲默默无闻地工作着，在工作中一丝不苟，渐渐得到了很多来自他人的信任。

父母于昭和3年（1928年）成婚，那一年父亲21岁。原因是父亲20岁时，他的母亲，也就是我的祖母就过世了，年仅 47 岁。

在此之前，有人对父亲的父亲，也就是我的祖父——七郎，提出过再婚的话题。但七郎觉得，与其自己再婚，不如找一位能帮助照顾弟弟们的年轻儿媳妇，于是决定让作为长子的父亲结婚。

这位儿媳妇，就是我的母亲纪美。母亲小父亲 3 岁，当时刚刚 19 岁。母亲身材娇小窈窕，父亲则高大英俊。据说母亲总听到别人对她夸赞："你家先生真是个美男子啊！"对此母亲一直很得意。

那一年，父亲的三个弟弟一个 16 岁，一个上小学四年级，一个刚上小学一年级。虽然家中希望母亲能代替他们的亲生母亲来照顾他们，但对年纪轻轻的母亲来说，一定是很重的负担。

那时，七郎在外行商，但据说赚来的钱一分也不会给家里，只顾自己过得优哉快活。七郎是这副德行，所以叔叔们的学费自然只能由父亲来筹措。所以，对于家里那点本已微薄的收入，母亲不得不绞尽脑汁地精打细算。

然而，母亲生来善于照顾他人，同时又有着坚毅的性格，不以辛劳为苦。既要承担家务，又要在百忙之中照顾几个弟弟，尽管如此，她依然乐观开朗，甚至还能在工作上帮助父亲。

后来，父母的孩子一个接一个地出生了。昭和4年（1929年），哥哥利泽出生；昭和7年（1932年），我出生了。我出生的时候，父母竟然忘了向政府部门登记，由此不难想象，当时的他们有多繁忙。

在武士的住宅区购买房屋

我出生两年前的昭和5年（1930年）是"世界大萧条"的一年。日本经济也十分萧条，印刷厂一家一家地倒闭，父亲做学徒的印刷厂好不容易才挺了过来。正是在那个时候，父亲拥有了自己的工厂，开始独立经营。

保守谨慎的父亲，为何能做成这件事呢？

这绝对不是他自己的想法。我前面也有所提及，这是因为有一家纸张批发商，大力劝说父亲自立门户。纸张批发商的工作是给印刷厂提供纸张，如果合作的印刷厂倒闭，为了回收债务，批发商就会扣押印刷机器等。但即便扣押了机器设备，这对于纸张批发商而言，也是毫无用处。

当时，这家纸张批发商看中了工作态度非常认真的印刷工人——我的父亲，所以提出了这件事。

"这样，我现在把印刷机器借给你，你自立门户开一家印刷厂吧！"父亲以没有钱为由拒绝了对方。但批发纸商继续劝说道："没事，这点你不用担心，钱慢慢还给我即可。"

纸张批发商深深地信任父亲，因为有了这样的好意，父亲的印刷厂才得以开业。那时我们一家住在被当地人称作"岛津住宅"的街区。那是岛津藩的下级武士们曾经居住的地方，位于一片广阔的田园地带。在过去长达 700 年的时间里，岛津藩一直统治着萨摩、大隅和日向这三州。

在岛津住宅区，漂亮的绿篱之内，一排排宏伟的房屋鳞次栉比，居住着当时所谓的"士族"们。

正当父亲开始经营自己的印刷厂的时候，隔壁的一家搬走了，房屋空了出来。因为没有合适的买方，所以房东请父亲买下来。

父亲虽然像以前一样，以"没有买房的打算"加以拒绝，但对方一直找不到别的买方。结果房东按照父亲给出的价格达成了交易。据说，当时是因为事业初步上了轨道，父亲才决定购买的。之后，把以前一直居住的房子改建成了工厂，一家人搬进了新买的房子里。而这个新家，就成为我记忆最为深刻的家。

"无借款主义"乃父亲的遗传

在那之后，父亲的工厂陆续引进了活版印刷机械、自动制袋机等新型机器，业务范围不断扩大。

这些机器也并不是父亲主动想要的，而是那些看中父亲踏实勤奋的人热情劝说父亲。"等你有钱的时候再慢慢给就行!"最终都是父亲在半推半就中勉强引入的。

从性格上来说,父亲虽然曾借钱给别人,但从未从别人那里借过钱。如前所述,这种小心谨慎的性格似乎也遗传给了我,所以我在企业经营方面以"绝不贷款"作为信条,从京瓷成立的早期开始,就以不贷款的方式展开经营,直到今天。

我人生中能想起来的唯一一次借钱,就是京瓷创立初期,曾向一位名为西枝的先生筹措了一笔流动资金。事实上,我之所以能创立京瓷,也多亏了与西枝先生这位贵人的相遇。

至今,在京都御所①附近还有西枝家的漂亮宅邸。那时,西枝先生正是用那处宅邸作为担保,向银行贷款一千万日元,借给了我。这是何等难能可贵的恩义之举啊!但我的内心却因此极为不安,绞尽脑汁地想

---

① 京都御所:位于京都的一处日本园林建筑,曾是平安时代的政治行政中心。

要尽快把钱还给他,为此焦虑不已。

刚刚诞生的京瓷非常脆弱,处于不知道哪天就会倒闭的状态。万一倒闭,对我恩深义重的西枝先生的宅邸就会被银行没收。这是绝对不能发生的!无论如何都要早日把钱还上,于是,我日复一日地拼命工作。幸运的是,按照开业第一年的盈利规模,只需三四年就能还清全部债务。我当时就是这么想的。

年轻的我尚不知这件事情有多艰难。我后来才知道,企业盈利的差不多一半都要作为税金被征收。对于这件事,我有些难受。

看到我这副样子,西枝先生笑着说:"不要那么在意!这钱你不还也不要紧。你只要发展好事业就能赚取利益。这样的话,只需支付贷款利息,然后从银行接受新的融资,继续扩大事业,到那时候再开始还本金就行。所以不必为了尽快还钱而焦虑不安。"

他还说:"一个企业家不该如此。借了钱就满口'还钱还钱'地念叨个不停,这样怎么成为大企业家?若是这样,即使再优秀的技术人员,也无法成为一名成功的经营者。"

但不管西枝先生怎么说,我心里就是放不下,一心想着还钱的事,拼命苦干,最后终于想方设法尽早地还清了欠西枝先生的债务。

自那以后,京瓷不仅在早期就实现了无借款经营,如今还拥有了足够的内部留存,成了一家资金充裕的企业。我想,这一点也是从父亲身上遗传而来的。

劝告母亲不要超量购买

从父亲那里遗传而来的性格对身为企业家的我产生了巨大影响,还有一件事情可以表明这一点。

父亲的家乡,原是距离鹿儿岛市内 12 千米左右的农村。当父亲和家人从农村搬到市区之后,老家也还居住着很多务农的亲戚,经常会来往市区。他们要么用大板车装着,要么用扁担挑着蔬菜等各种各样的农作物,沿街叫卖。

乡间的大妈们到了傍晚就会回家,但是如果有卖剩下的东西,再带回去就会很重,所以一定会顺道拜访熟人。

我家稍微离市区有一点距离,正好位于这些大妈们回家的路线上,所以远房亲戚的大妈经常找上门来:"纪美啊,在家吗?我来拜访一下哦。"有时,甚至连不是亲戚的人也会到我家来。

母亲每次都一边慰问"今天真是辛苦了",一边端出茶水或点心招待她们。

乡下来的大妈们一定都知道母亲向来贤惠善良,所以经常拜托母亲买下她们卖剩的蔬菜。"纪美啊,今天这些东西没卖出去,我便宜点卖给你,反正带回家也没什么用。"

母亲很同情她们,于是说:"啊,当然可以!放在这儿赶紧回家吧!"就这样买下所有蔬菜。

由于季节不同,买下来的蔬菜有时是芋头,有时是萝卜,有时是红薯。

母亲心里应该是这样想的,一方面她们都是父亲的远房亲戚,另一方面价格也确实低。因为那时还是战前,我家的印刷厂生意颇为兴隆,家里经济也尚且宽裕。最为关键的是,母亲本就是一个生性善良的人,不会放着有困难的人不管不顾。

我当时还是小学生,每天看到听到母亲这样的言行举止,内心不禁感慨:"真是在做善事啊!"既能让农村的大妈们开心,母亲也顺便能买一些便宜的东西。在当时的我看来,这正是两全其美的好事。

可到了晚饭时,父亲看到厨房堆满的蔬菜,却发火道:"真是,又买这些没用的东西!"父亲沉默寡言、性格憨厚,我很少看到他如此发火。

母亲不甘心地回道"还不是因为你某某远房亲戚,特意到家里来。而且这些蔬菜的价格比市内的菜店便宜不知道多少,我这才买下来的。你有什么好发火的!"

母亲这么一说,父亲只好沉默不语。

这种事情,我不记得看到了多少次。

听到母亲反驳的理由,我怎么都想不明白为什么父亲会如此大动肝火。

吃不完的芋头去了哪儿

父亲发火的理由,我是后来才知道的,那是某个夏季的一天。

那天,我放学一回家就看到母亲在院子里努力挖地。原来,从农家的大妈们那里大量买来的番薯和芋头吃不完,于是母亲将其埋在地里,为了能保存得长久些,还会在上面盖上一层土。那天,好像是在挖很久之前埋的番薯。也许是一个人不好挖,所以叫来了女佣帮忙。她们一起手持巨大的铁锹,"嗨哟嗨哟"地挖着。

土里挖出来的番薯,每一个都伤痕累累的。于是母亲抱怨道:"哎呀哎呀,糟了。怎么烂成这样了!"

接着母亲拿来了笸箩,把挖出来的番薯去掉泥土,再用菜刀将烂掉的地方一点一点削掉。结果,原本很大的番薯眼看着就变成很小的一个了。

母亲嘴里一边失落地喊着"哎,全都没用了啊",一边又很快打起精神,用大锅焯起了一堆早已小得不可思议的番薯。

然后,母亲把松软热乎的番薯满满地装进竹笸箩,对我说:"来,去把朋友们叫来,大家一起吃吧!"

身为"孩子王"的我,叫来了住在附近的小弟们,得意扬扬地把满满一笸箩番薯分给大家。毕竟都是正在长身体的男孩,所有人都大吃一顿,心满意足地回家了。

看着孩子们开心的模样,母亲似乎又觉得"做了一件好事"。

只买现在需要的数量

虽然始终忙于工厂运作的父亲,无法亲眼看到母亲的这些行为,但只要稍微想想,就能够察觉一二。

我也是在那个夏日之后,才明白了父亲之前发火的缘由。父亲说的没错:"就知道便宜,但便宜又有什么用!"简而言之,父亲一直劝诫母亲"不要因为买便宜货而浪费钱"。

童年时耳濡目染的这些事,让我学会了一个道理,"人通常觉得大量买入价格就会便宜,但事实却并非如此"。

人的心理是非常有趣的。例如,只要听到"酱油一次性买五升,能有优惠价",就会不知不觉地买下。然后又会因为多得用不完,所以故意加大用量,或内心觉得太多而疏忽大意,造成不必要的浪费。

反之,如果只买当下所需的量,就会加以珍惜,而不会随意浪费。因此,如果现在只需要一升,那就只能买一升。我把这称为"买一升",将其作为京瓷公司经营的原则。

也许有人会觉得我这么做很愚蠢。但我坚信这是一种非常有效的做法。至少,如果不大量购买,就不会出现多余的库存。

有了库存,就必须有仓库。这样一来就要支付仓库所需费用,包括雇用仓库管理员所需的人工费,还要支付相应的利息。但只要没有库存，仓库费和利息就都不需要了。

因此，只在必要的时候购买必要的数量，在当时看来似乎贵了一点，但从结果来看，还是便宜的。

京瓷集团一直把"买一升"，也就是"即用即买"视为基本准则。我想这在大企业之中恐怕是很罕见的。

话虽如此，但这并不是说母亲的做法完全是我的反面教材。

母亲从不瞻前顾后，一心只想帮助眼下遇到困难的人。在我看来，这来源于作为人最为重要的"利他"之心。

这样的"利他"之心成了我为人处世的根本，让我努力为社会、为世人行善。

这一切的根本，也就是人活着最为重要的事情，母亲都以她平日里的言行举止，一点点地教给了我。

理性冷静的父亲，情感深厚的母亲。我想，这两个人，真是非常互补的一对夫妇。

士族身上的
木刀气概

萨摩的乡中教育

我出生的鹿儿岛,是过去的萨摩藩,在长达七百年的时间里都处于岛津氏的管辖之下。

岛津氏为了把家臣的子弟培养成萨摩武士,制定了"乡中教育"制度,随着时间的流转,萨摩变成了鹿儿岛,但直到第二次世界大战之前,"乡中教育"

的风气还是影响着这里的男孩教育,像空气一样挥之不去。现在想起来不可思议的男尊女卑的思想,那时却是如真理一般的存在,连用盆洗衣服或用竹竿晾衣服,都一定会按性别分开。

与之相应地,男人被认为是"到危急关头可为国征战"的存在,男人们对此也有强烈的自觉。

西乡隆盛和太久保利通也是接受过"乡中教育"的萨摩男子。

西乡隆盛是我衷心敬佩的人物。隆盛的为人之道、生存方式、思维方式等都对我产生了巨大影响。

我认为西乡隆盛就是我理想中的领导者。他拥有高远睿智的哲学思想,对他人怀有深沉的爱,对国家的发展之道也留下了许多意味隽永的名言,无论是他的朋友还是敌人,都对他尊敬有加。

京瓷集团的社训"敬天爱人",就出自西乡隆盛之口。

有本事跟我打

如前所述，我们家的住宅和工厂，位于被称为"岛津住宅"的岛津藩时代以来的武士住宅区内。

在我的儿童时代，也就是昭和初期，那一带依然残留着萨摩藩的风气和封建社会的阶级思想。

我还记得那时在学校的签到簿上，还有专门区分"平民"和"士族"的栏目。从前在萨摩时期，人们认为"没有士族，就没有萨摩藩"，那时也依然残留着这样的旧风气。

我的父母都出身于平民，自然不是士族。但由于在印刷业也算是小有成功，所以在机缘巧合之下买入了这里的住宅。

我们家周围全是岛津家时代武士的宅邸，他们有着身为士族的骄傲。平民出身的印刷厂老板一家搬到了当地，所以不难想象，母亲和邻里相处时应该背负着巨大的心理压力吧。

我却一直纳闷，为什么附近每个朋友家里都有刀，而我家却没有呢？虽然我一直对朋友强调"我是士族"，但祖先的名字和族谱等具体证据一样都拿不出来，因此，我的内心也着急无奈。

在这些人中，还有人把我当作"最下级武士之子"而百般轻视，对此我别提有多愤懑了。我性子里的那股不服输的劲儿，可能也源于这些经历。

有一件事，虽然现在记不清是哪个亲戚讲的，还是直接从父母那里听说的，总之我记忆非常深刻。

那时父亲和母亲刚成婚，父亲最小的弟弟还在上小学，一直和父母住在一起。一天，父亲这个最小的弟弟满脸是血地回到了家。

在离我家两条街左右的地方，住着一个在旧制七高上高中的学生。听说父亲的弟弟在那个学生家附近玩闹时，那个七高的学生大嚷着"吵死了，我都没法学习了"，冲出来不分青红皂白就朝他脸上打去。

一听完这事，母亲毅然决然地让父亲去和对方理论。

但父亲天性敦厚，说："一定是因为弟弟吵得特别厉害！"反而一味教训自己的弟弟。

母亲忍无可忍，自己拎起了一把木刀，牵起我叔叔的手冲进了对方家中。

一进玄关，母亲就大吼一声："喂，给我出来！"然后提高嗓门冲那个七高的学生抗议道，"上着七高这么好的学校，应该是既有教养又有学识的，竟然因为一个小孩子只是玩闹了一下就把他给打成这样，算什么本事！简直不可理喻！有本事来跟我打。"

直到现在，每当想起此事，我仍会觉得不可思议。

那个待人温柔、从未严厉责骂过我们兄弟姐妹的母亲，到底是怎么说出那样的话的呢？

在这件事上，母亲显示出了强烈的正义感和勇敢之心，但我想，这件事的背后应该还有其他因素。

这个七高学生家里是开邮局的，想必他家里一定是历史悠久，而且住在岛津住宅一带，当然也应该是出身士族。

当时的母亲，恐怕除了出于小叔子被人打的愤怒之外，还掺杂了其他情感。不难想象，那个七高学生在殴打我叔叔时，会盛气凌人地说出歧视的言语。母亲对此恐怕是无法忍耐了。

在这背后，应该也包含着母亲对自己从附近那些人那里感受的歧视的愤怒吧。

生来温柔又重感情的母亲能说出那样的话，一定是由于母亲体内蕴藏着强烈的正义感。母亲无法容忍人格歧视和违背道理的事情。她就是这样一个对于此类事情有极度洁癖，会奋不顾身起身反抗的人。

而我则完全遗传了这一点，对于不合理、不讲理的事情，极其厌恶。自京瓷创业以来，这样的性格就一直支撑着我。

母亲的武士精神和经商头脑

我自己也有这样的记忆。

上小学之前，我一直是一个只会"窝里横"的胆小鬼，可到了上小学之后，和朋友打完架回到家的情况就开始越来越多了。

当我在打架中输了，受了伤，或哭着回家时，母亲一定会问我理由。如果我回答说"我觉得自己是对的，所以才打架，可最后还是输了"，母亲一定会责备道："既然觉得自己是对的，为何要哭着回来！"

她会把靠墙摆放的笤帚或别的东西塞到我手里，对我说："再去把对方打一顿！"把我赶出门。要是我犹豫一下，就会被她敲脑袋。

当时的鹿儿岛，还残留着男尊女卑的风气，有的家庭对外宣称是男人当家，在外面给丈夫面子，但其实却由个性强硬的妻子在家庭内部掌握实权并一手掌管家事，这样的家庭据说有很多。也许我母亲就是一个这样的典型。

对于自己的孩子也一样，只要是对方做错了，母亲就会要求我们去彻底挑战对方。虽然身为女性，但可以说母亲身上也有着"武士精神"。

另一方面，正如我之前所写的，母亲还充分具备商人的才华。比如她曾想过买一些空房以备不时之需；在战后的混乱期致力于市集上物物交换的生意。可以说在经商头脑和行动力上，母亲要比一味谨慎行事的父亲高明得多。

在家计难以支撑的时候，母亲也会要求孩子们帮助做生意。在鹿儿岛这个地方，"武士精神"和"商业才华"被认为不可能在一个人身上同时具备，但我的母亲却兼具这两种特质。

"不公平的老师"

明明是以正当理由跟人打架，最后却哭着回家，这是不对的。平常敦厚老实的父亲，也跟母亲的观点一致。

父母都是心胸宽广之人，只要我认为对的事，他们都无条件认可。

六年级时，发生过一件事。那一年，我们换了新的班主任。我至今还记得，那个新来的老师面色苍白，给人感觉阴沉沉的。

每年夏天，都会进行家访。老师定好哪一天到哪片区域，依次走访。

这一天，到了来我家这个区域的时候了。

到了放学时间，老师带着我们家附近的十来个孩子一起出了学校。然后一家一家地走访，每送一个孩子回到家，老师就会和那个孩子的父母聊上一会儿。

因为我家是最后一家，所以我一直跟着老师走。老师去的基本上都是平时我的那些小弟的家，他们学习都不怎么好。

一行人中，只有一个同学跟我们不一样。他成绩优异，乖巧懂事，长得也好看，是大家口中所谓的"乖乖男"。

老师去的第七家就是这个孩子的家。这是一座非常漂亮的房子，我和其他同学站在精心修剪的篱笆外等老师出来。

可我们等啊等啊，老师却迟迟没出来。虽说是边玩边等，但因为正值盛夏，我们炎热难耐。

到底在干什么啊？我们忍不住悄悄推开玄关门往里偷偷窥探。你猜怎么样？老师正悠闲地坐在座席上，一边享受着主人端来的茶水和馒头，一边和那位穿着高级和服的同学母亲聊着些什么。完全看不出想要结束的意思。

见此情景，我瞬间怒火中烧。之前我们去的几家蔬菜店和理发店，老师都是站在店里简单聊几句就草草结束的。

身为一名教育工作者，明明应该对所有孩子的家庭都一视同仁，这样大的差别到底是什么原因？！

最后，到了我家也是一样，老师果然只在玄关门口象征性地坐了一下，简短聊了几句就离开了。

守护"正义"之战

一旦意识到这个问题后，老师很多待人不公的事情又映入眼帘。

上课时，对那个"乖乖男"，老师会走到他的课桌前耐心教导，但对我们这些"混小子"，他却只会大吼:"这么简单的东西都不懂,笨蛋!"

我觉得:"这是不行的!"

看见不合理的现象就想奋起抵抗,这种从母亲那里遗传的正义感在我体内不可遏制地涌了上来。

为了正义必须奋起抗争,这种欲罢不能的心情,让我最终将矛头指向那个"乖乖男"。虽然现在想起来当时的想法无比幼稚,但在满腔怒火的少年看来,这个"乖乖男"只能是一个臭不可闻的"助纣为虐之人"。于是放学后,我都会抓住这个正准备回家的"乖乖男",对他加以"制裁",几乎每天都是如此。

"喂,我可是看清楚了哦!你母亲在老师去家访的时候对老师点头哈腰的,还招待了很长一段时间是吧!所以老师才会一直都对你另眼相待。作为一个男人,你难道不觉得这种行为很卑鄙吗?"我的小弟们也纷纷点头附和。

"老师没有特别关照我!""乖乖男"每次都一边这么说一边哭着回了家。

事实上，在我的内心，多少有些嫉妒。

"乖乖男"不仅成绩好，家境也富裕，还住在那么气派的房子里，母亲总是穿着漂亮得体的和服。

与此相比，我呢？

虽然我非常爱自己的母亲，但她总忙于印刷厂的工作，不会身穿优雅漂亮的和服，也不太管我的事。这些跟其他孩子都一样。

有一天，我们依次被老师叫了出去。最后一个是我。

我做好了心理准备："恐怕是为了那件事吧！"果然，到了地方，老师劈头盖脸就是一顿怒骂。

"稻盛，我都听说了！是你每天带着人欺负同学的吧！人家母亲非常生气，质问为什么自己的孩子受到这样的欺负。我告诉你，光说对不起是没用的！"

没等我想好如何回答，他接着训斥道："那孩子和你们不一样，他很懂事，成绩也好。你有什么理由欺负人家？"

我理直气壮地脱口而出："因为他总有特殊待遇。"

抵制不公

这句话激怒了老师："什么！你这是什么意思！"

"家访的时候您在他家待了很久，但在我们其他人的家里都只待了一小会儿。"

"混蛋！学生不同，所需的时间自然不同。他母亲担心自己的孩子过于老实，所以我跟她详细谈了谈！"

"在教室也是。我们只要说哪里不明白，一定会被您骂。但您从不对他发火，总是耐心教他。"

"住嘴！你不就是有偏见吗？！"

"住嘴"是萨摩的上司或长者经常用来训斥还嘴之人的一句话。

我还是不放弃："不，是老师偏心。"

下一个瞬间，老师的拳头就飞了过来。我一个踉跄，他拎起我的后颈，顺势又给了我三四记耳光。我直接被打倒，躺在了地上。

放到现在，这就是"体罚"，可能成为社会问题，但在当时这很普遍。我那反抗的态度，确实也令人难以容忍吧。

但当时的我，内心充满了"正义感"被无情践踏的不甘。我内心呐喊着："我没错，错的是老师！我是为了正义而战！"

这时，老师对我说了最后的一句话："这次的事情我会给你写一份内部报告书。你做好心理准备，以后没有哪个学校会收你。"

事实上，最终老师在我小学六年级的毕业通信簿上写的全部都是"乙"。

正确的事皆能被认可

事后，母亲被叫到了学校，把我领回了家。老师甚至对母亲说："稻盛是我们学校开校以来最坏的孩子。"

母亲备受打击，想不通为何在家里从不跟兄弟姐妹吵架的我在学校竟然会做这种事。

回到家，母亲小声向父亲汇报了这件事。

"和夫!"接着我就被父亲叫了过去。我吓了一跳,紧张地挺直了身体。

我做好了心理准备,父亲虽然性格温厚,但因为这事肯定会大骂我一顿的,就算拳脚相加也不在话下。

"过来,今天到底发生了什么?"

我松了一口气。

因为父亲还是用了跟平常一样稳重的口吻。

安下心来的我,一口气把对老师偏心行为的不满统统倾泻了出来。"身为一名教育工作者,却独独偏袒某一个孩子,实在是岂有此理。根本就是老师的错!"

父亲一言不发地听着,想必父亲也能够想象吧。"那孩子一定出身士族吧!老师一定是把平民的孩子和士族的孩子区别对待了。"

看我说得差不多了,父亲才缓缓开了口:"你是不是觉得自己做了一件好事?"

"是的,我没打算做坏事。"

"你认为这么做是对的，对吧?"

"是的。"

"这样啊!"

说完这句话，父亲再没多说一个字。我觉得自己被拯救了，心中一片欢喜。

原本以为父亲一定会火冒三丈的，没想到他竟认可了我的正义感。

父亲相信我，其实言外之意就是在教育我："所谓男人，就必须这样,把自己认为对的事情坚持到底!"

父亲没提"好歹也要考虑父母的面子啊"之类的话，也没有说 "老师写了内部报告书，万一上不了中学怎么办"，只有短短的一句："这样啊!"

这短短的一句话，一向沉默寡言的父亲犹如在对我说："我支持你哦!"

正确的事情，一定能得到认可。那时父亲给予的这种信心，我至今仍深深铭刻在心。

第三章 「正确的为人之道」的基础

判断基准的
根本

神明在看着呢,在看着呢

在 27 岁开始经营京瓷这家企业的时候,我既没有经营的经验,也没有经营的知识。身边的亲戚朋友之中也没有一个有企业经营经验的人,没有任何可以参考的东西。

于是我决定,在任何时候,都以一个判断基准来判断——那就是从父母那里学来的"坚持正确的为人之道"。不过分地说，一直以来，我就是用这个唯一的基准来经营京瓷的。

直至今日，我都觉得自己没有做错。后来在KDDI和日本航空也莫不如此，我一直坚持的，只有这一件事。父亲和母亲都只念过小学，所以无法以学识教育我们这些孩子，而一直都是用"心"培养。

在他们二人心中，区分"作为人正确的事情和不正确的事情"，也就是道德感和伦理观是不可动摇的。

父母都是老一辈人，这些观念的依据也应该十分淳朴。大概这就是某种"虽然眼睛看不见，却一直守护着我们的存在"。

母亲经常对我们说："你们都不是干坏事的孩子。但不管是谁，当一个人独处的时候，就什么都想得出来，什么都做得出来，所以必须小心。一个人的时候是最可怕的。要记住，神佛一直在看着我们，无论身在暗处还是哪里，都必须站得端行得正。"

母亲还说:"即使独自一人,也一定要提醒自己,神佛一直在看着,然后再行动。心中迷茫时,也要告诫自己:'神明在看着我呢,神明在看着我呢!'"

母亲的教诲深深铭刻在了我心里,让我不可思议地做到了即使一人独处,也绝不做坏事。

"南无、南无、谢谢"

提起父母深信神佛之心,我又想起另一件事。四岁或五岁时,我曾被父亲带去"隐秘念佛"。

父母信仰的净土真宗,曾在德川时代的鹿儿岛受到萨摩藩镇压。

在这样的局面之下,深信宗教的人只好去往深山中跟僧侣一起悄悄念佛,并参拜本尊,这在当时被称为"隐秘念佛"。在当地,这似乎是历史上流传下来的宗教习惯。

同时,我始终认为,在父亲的家乡,除了这种宗教历史之外,诸如"对看不见的事物的敬畏之心""对万事万物的感恩之心"等，都被当地用作教育孩子的内容。

我们和好几组其他家庭的大人小孩，一起爬着傍晚昏暗的山路。我现在还记得，那时我只能循着灯笼发出的光，拼命追赶默默走路的父亲，总觉得被某种神秘的气氛包裹着。

登到山顶有一间房子，在这间房子里，和尚在念经，在烛光摇曳的昏暗房间里，大家和这个和尚一起诵经，"南无阿弥陀佛，南无阿弥陀佛"。

诵经结束之后，和尚对每个孩子都会说一句话，他对其他孩子说"下次再来"，却单独对我说："你就到今天为止，以后不用来了。但要记得每日都要念诵'南无、南无、谢谢'，要带着对佛的感恩之心去生活。"

那位和尚还对父亲说："这个孩子不用再带来了哦！"虽然我不清楚具体原因，但还是觉得十分自豪。

顺便说一下，所谓"南无"是"南无阿弥陀佛"

的方言。

虽然只有一晚,但这次体验在我心中深深种下了一粒种子。从那之后,我常常会不知不觉地双手合十,也会无意识地念叨"南无、南无、感谢"。

心灵的状态决定
现实世界

中考的失败

1944年春天,小学毕业前夕,我参加了鹿儿岛名校鹿儿岛第一中的入学考试。

前面提到过,我小学六年级的毕业成绩全是"乙",但我还是想保住一个"孩子王"的面子。而且,那时班里中等成绩以上的同学都报考了一中,我觉得自己应该也可以考上。

但最终我没有考上一中。

我想起"乖乖男"事件时,自己曾和神经质的班主任发生争论,他撂下的那句"这次的事情我会给你写一份内部报告书。你做好心理准备,以后没有哪个学校会收你"。至于班主任最后是否真的把这件事写进了内部报告书,当然无从得知。但我总隐约觉得和这件事有关。

我还想起报考志愿书上有一栏选填"士族"和"平民",父亲毫不犹豫地写下了"平民",我也想过会不会是这个原因,这些都不得而知。

就这样,我没有考上一中,只好成为国民学校高等科的学生。

那段经历别提有多惨痛了。我每天早上一出家门,就看见令人生厌的有钱人家的公子哥儿和之前一直跟我混的小弟们穿着一中的制服,一个个精神抖擞地去上学。只有我一个人沮丧地走在不同的方向上。

中学考试的失败，也许是我人生中第一次品尝到挫折的滋味。

患上"不治之症"

这一年的 12 月，我生病了。

我小时候跟我们同住过的父亲的弟弟——兼一叔叔，那时正在做警察。

这位兼一叔叔年底时回来了一次，住进了我们家。一天晚上，我睡在叔叔的旁边，当时就感觉不妙，好像浑身都被虱子叮咬，之后就发烧卧床了。

母亲担心是结核病，于是带我去了医院，诊断结果显示，果然是结核病的初期症状——肺浸润。

母亲早早就怀疑是结核病是有原因的。我的父亲一共有三个弟弟，跟父亲年龄相差最小的一个弟弟住在家里的别院，其夫妇二人都是因为结核病病逝的，最小的弟弟那时也因为咯血正在疗养中。母亲非常担心我发烧是因为感染了肺结核。

第三章 "正确的为人之道"的基础 | 115

兼一叔叔（前排右二）。其右为笔者，其身后是父亲畩市

我自己也隐隐约约有些预感,没想到预感竟然成真了。

当时,结核病是一种"不治之症"。虽然在战后几年内出现了有效药物,但在那之前,肺结核一直是人人惧怕的绝症。如果某个家庭出现了结核病人,为了不让别人知道,一般都会偷偷照料。但由于以前的社会人们和近邻的关系非常密切,所以想瞒也是瞒不住的。由于我们家接二连三地出现结核病人,据说甚至有传言说"稻盛家就是结核病的巢穴"。

结核病是通过空气传播的。因为我很敏感,所以经过父亲的小弟弟接受疗养的别院时,总会捏着鼻子跑过。但跑的过程中觉得呼吸困难,于是不由得深呼吸,每当这时我都特别后悔,情不自禁地陷入忧郁。"也许哪天,自己也会染上结核病。"

母亲和我一样,尽量不接近病人,因为她必须照顾几个年幼的孩子们。

父亲和哥哥则毫不在意。"有那么容易传染吗?"

尤其是父亲还热心地照顾他的弟弟，即使到了结核病菌急速增长的末期，父亲明知危险也依旧坚持在叔叔身边悉心照料。

最终，病毒没有传染给父亲，而是传染给了我。

病榻读书

于是，我向学校请假，开始了躺在床上专心疗养的日子。说是疗养，但并没有什么特效药，我只能在日照充足的八叠间里，打开侧面拉窗，进行"空气疗法"。

我一边发着烧，一边迷迷糊糊地想：自己也会跟叔叔们一样，逐渐开始咯血，然后日渐消瘦吗？也许自己真的没救了。

渐渐地，一直以来都是"孩子王"的我，虽然还是个孩子，却已经开始意识到了"死亡"的存在。

那时我家隔壁住着一位司机和他的太太。

记忆中，那位太太非常温柔，而且是一位美人。也许正是因为她内心的美丽跃然于外，所以她的外貌也格外美丽。

一天,当我跟平常一样拿出被子,躺在走廊里晒太阳的时候,这位太太在院子对面隔着篱笆问道:"和夫,今天感觉如何?"然后,她递给我一本书。

"如果可以,你读读这本书吧。这书本来是给大人看的,对你可能有点难,但相信一定有对和夫有帮助的内容。看不看得懂没关系,但一定要坚持读完哦!"

对于身患重病,已经意识到死亡的我而言,这位太太的善意令人由衷感激。

从那之后,我每天都如饥似渴地阅读这本书。书中的一字一句对我来说都像久旱逢甘霖一般,深深地浸入了我心底。

当然也有可能是因为我那时刚好十岁出头,正值人生的敏感时期,刚开始思考"人生为何物""人是什么"等问题。

我是一个平民之子。

没能考上一中。

天真无邪的"孩子王"时代早已一去不返。

叔叔婶婶因病去世。

自己也染上了同样的疾病，担心自己或许正在逐步走向死亡的恐惧感让我焦虑不安。

在还是个孩子的我看来，自己的人生充满了各种不合理和考验，所以卧病在床期间我一直埋头苦读这本书，想从中寻找人生的启示。

书中写着这样一段话："我们的心底有吸引灾难的磁石，它会从周遭吸引刀枪、疾病、失业……"这句话的意思是说，你的内心不曾呼唤过的东西都不会作为现象出现在身边，若是对他人常怀善意，灾祸就不会降临。

对此我深有同感。以前我经过患结核病的叔叔住的别院时，总是因为恐惧而屏住呼吸，结果反而感染了疾病，而完全不放在心上的哥哥却没有被感染。这就是内心是否存在磁铁的区别。也就是说，我心中那块名为"恐惧"的磁石反而招来了疾病。

而深爱着弟弟，自始至终精心照料弟弟的父亲也没有被感染。

虽然当时还是个孩子，但回想起一心只考虑自我保护的那个自己，我还是深刻地反省了。

同时，我还学到了"心灵的状态决定自己的现实世界"这一道理。

书中这样写道："坚信是'意念世界'中命运的雏形。现实世界中的所有事物，必然跟这个雏形一致。为了能吸引来心之所向的事物，必须让内心的渴望永不停歇，持续耐心地怀抱希望和热忱。长时间持续专注的意念，就是吸引所需事物的磁石。"

如今回想起来，那时候我患上结核病，一定是上天对我的恩赐，为了让我学会用心领悟更深刻的真理，那是一段不可替代的宝贵经历。

结核病的确非常痛苦，是一段足以让我为死亡做好心理准备的极致体验。

想必这样的经验一定是人人避之不及的，也会被认为是一场飞来横祸。

然而，这段经历让我深信一点：所谓灾难和逆境，只要积极加以克服，就会对人生大有裨益。

这样的经历让我明白了一个真理，那就是心灵状态会决定现实世界，这提醒我努力怀抱善念，并给我机会审视自己的内心。此后，我下定决心，一定要怀抱一颗良善之心面对人生。

那段时间在我内心萌芽的东西，一定也是后来促使京瓷和KDDI成功的源泉。

后来，我的结核病康复了。虽然听上去很不可思议，但我只能说确实是"不知不觉就好了"。

为了能活下去，不能再卧床不动。"要活下去"，当我抱着这样的强烈念头去度过每一天时，渐渐地，身体竟然好转了。

我之所以能康复，一定是因为"心灵的状态"发生了变化。

因此，心怀强大的志向，不断努力向前，那么志向终有一日必会实现。重要的是意念的强烈程度和持续程度。

这也是我迫切想要分享给年轻人的极其重要的"人生真谛"。对此，我想在下一章之中再详细阐述。

在母亲枕边读书

6 年后，也就是 1951 年，我进入了鹿儿岛大学。第二年，母亲患上了结核病。

这时已经研发出了药物，在此之前一直是日本人第一大死因的结核病终于变成了第二大死因，但由于母亲的肠胃不好，所以无法服用这种药。随着病情加重，母亲食欲全无，身体日渐消瘦，好像还一度认为自己扛不过去了。

母亲的身体极度虚弱。第一次看医生的时候，医生佩服地说道："你啊，拖着这么弱的身体竟然能撑到现在！"

的确，无论战前、战时，还是战后，母亲都在一刻不停地工作，透支了自己的身体。战前，除了进展顺利的印刷厂工作之外，母亲一直忙于生育和照顾七个孩子；战时，为了全家人能活下去而拼命努力；战后，为了度过那段艰难的日子，一直奔走于市集买卖。

一路拼死努力的母亲，在社会逐渐回归平稳的时候耗尽了体力，倒了下来，这其实也并非不可思议之事。

母亲生病后，父亲对我说："你别读大学了，出来做事吧！"但母亲说："不用辍学，不过我也没法再照顾你了。"

我因为母亲的话而没有退学，但作为回报，我一边上学，一边做夜警等兼职赚取学费，每个月给家里一千日元左右补贴家用。

母亲在家疗养时，有一位邻居医生的太太送来一本书，劝母亲阅读。但母亲既没体力也提不起精神，所以完全没有想读的意思。

于是，我决定自己读给母亲听。

高中一年级时，我在病床上曾如饥似渴地阅读这本书，书中内容已经深入内心。这一次，我守在母亲的枕边，把这本书一句句地读给她听。

母亲原就是一个非常淳朴且信仰很深的人，所以她努力倾听，一句一句，都听进了心里。非常幸运，疗养起到了作用，母亲的病也终于康复了。

那些日子里，我和母亲共读时就书中的内容相互探讨自己的想法和思考。对此，我至今也难以忘怀。

命运
要靠自己开拓

织就人生的两条线

从年轻时起,我就很好奇"人为何而生,为何而活",所以常常自己煞费苦心地琢磨着。

当然,谁也不知道前方等着自己的是什么样的未来。但我认为,对于"人生是如何形成的"这个问题,哪怕能了解一丁点,比起丝毫不了解的人来说,人生都能大不相同。

经过一番思索,我自己总结出了这样一个结论。

每个人都有各自被安排好的命运。顺着这条被安排好的命运的经线,人们各自度过自己的人生。

但是,人生不仅仅如此。

人们一边被自己的命运摆布,在人生中遭遇形形色色的事情。同时,在不断遭遇各种事情的过程之中,人们会想好事或想坏事,会做好事或做坏事。而这又不断地改变着我们的人生。我想,世间应该存在着这样的"因果法则"。

也就是说,人生中既有"命运"这条经线,又有"因果法则"这条纬线,这两条线交织而成的,才是每个人各自的人生。我之所以这样思考,是因为我拜读过哲学大家安冈正笃先生的著作《命运与立命》。

这是一本安冈先生解析中国古籍《了凡四训》的书,其中详尽说明了人生是由"命运"和"因果法则"交织而成的。

中国古书中有"积善之家，必有余庆"的说法。其意思是平日积德行善的人，必然会迎来好运，还会惠及子子孙孙。也就是说"只要一个人思善行善，命运就会朝着好的方向发展"。读罢《了凡四训》，践行其中的教诲，我越来越确信其正确性。《了凡四训》这本中国古书，是距今大约400年前，中国处于明朝时，一位名为袁了凡[①]的人所著。

老者的预言

写下《了凡四训》的袁了凡，幼年曾号袁学海。

一日，袁学海家里来了一位满脸络腮胡并自称"在云南研究易经"的高深老者。

所谓"易经"，就是日本所说的"占卜"，在中国自古就有，早已形成了一套非常高深的学问体系。

老者对他说："这个国家有一位名为袁学海的少年，被赋予了将我研究的易经精髓发扬光大的天命。

---

① 袁了凡：即袁黄，初号学海，后改号为了凡。后人常以其号称呼他。

所以，我才不远万里专程来找你。"

袁学海和母亲住在一起，当晚老人就留宿在他们家里。他一边观察着少年学海，一边和他的母亲谈起了他的未来。

"太太，您是想让这孩子长大以后从医吧？"

学海的母亲答道："是的，我们从爷爷那一辈开始就是医者之家。英年早逝的孩子他爹也是一位大夫。所以我想把这孩子也培养成一个大夫。"

老人却说："非也非也，这孩子一定不会成为大夫。他会参加科举考试，获得功名，成为一名大官。"

老者接着说道："这个孩子在××岁的时候，应该会去参加县里的考试，在××人中以××名的成绩通过；然后××岁的时候又参加府里的考试，在××人之中以××名的成绩考过；之后，又参加更高一级的考试，但是很遗憾没有考上。不过第二年，他又挑战了一次，在××人之中以××名的成绩通过考试。"

老者娓娓道来，讲述学海在科考各阶段的成绩会如何，然后说："就这样，年纪轻轻就会当上地方大员，也会结婚，只可惜膝下无子。53岁时离世。这就是这孩子的命运。"

那之后，少年学海的人生果然跟这位老者所说的一模一样。××岁参加科考，在××人中以××名的成绩通过。有一次果然落榜了。每一次的结果都如那位满脸络腮胡子的老者所言，完全一致。

命运是可以改变的

这样一来，学海对老者所言就深信不疑了。一次，学海来到南京，得知在一座知名寺院里有一位名叫云谷禅师的长老，为了能向这位长老请教，他立即去拜访了那家禅寺。

这位云谷禅师热情地接待了学海，其间，禅师对学海说道："难得来一次，是否愿意试试同老僧一道坐禅？"

学海接受了禅师的邀请,与其一起坐禅。结果,学海心如明镜,毫无杂念妄念,云谷禅师大吃一惊,这样说道:"施主如此年轻,却未浮现一丝杂念妄念。我从未见过坐禅坐得如此纯粹的人,想必施主一定修行已久。"

学海答道:"没有,我从未进行任何特别的修行。但禅师如果确实看到我没有杂念妄念,心如明镜的话,我倒是想起了一事。

"年少之时,曾有一位精通易经的老者找到我们家,跟母亲说起过我的命运。我就是照着那位老者的预言活到今天的。我已有妻室,可至今也没有孩子。老者算过我只能活到53岁,所以我一直相信自己只能活那么久。因此,对于未来,我不抱任何想要这样或那样的希望和野心,我只想遵从命运的安排,规规矩矩波澜不惊地过完一生。大师看我未浮现一丝杂念妄念,大概就是这个原因吧。我按照这位老者的预言活至今日,往后也应该会按照他预言的那样度过自己的人生。"

学海说完，原本和颜悦色倾听着的禅师突然神色大变，他斥责学海："我还以为你年纪轻轻便修炼到了绝佳境界，怎料你竟如此愚钝！"

接下来，禅师便对学海开示："的确，如那位老者所言，我们每个人都背负着各自不同的命运。但你觉得真的有傻瓜会完全服从命运的安排吗？所谓命运，是可以改变的。人生中存在着'因果法则'，在我们按照命运的安排生活的过程中，如果思善行善，人生就会朝着好的方向发展。如果思恶行恶，人生就会朝着坏的方向发展。这个所谓的'因果法则'，切实存在于我们的人生中。"

存善念、从善行

想必学海也是极其聪明的人。他听完云谷禅师的一番教诲，深受感动。离开寺庙回到家后，他对妻子说："今日，我在禅寺拜见了云谷禅师，领受了他的教诲。

我决定从今日起，无论是多么微小的事情，都要心存与人为善的念头，并付诸实践。云谷禅师教导我，善念与善行越多越好。"

学海的妻子应该也是一位心灵纯洁善良之人，她如此回应道："是吗？如果你这样想，那我们就一起这么做吧！从今往后让我们一起时刻心存善念，思善行善，用这样的态度去生活吧！让我们用一张表格把每天思善行善的次数都标记出来吧！"

《了凡四训》这本书，写到这里突然换了场景。

"哦，儿子啊！你父亲的人生，其实就是刚刚所说的那种人生哦！在禅寺里遇见了大师，理解了在人生中有'因果法则'这个东西。自那之后，我和你母亲开始了新的人生，即使微不足道也时刻谨记心存善念，即使是一点一滴也要将这些善念付诸实践。当开启了这种新的人生之后，才有了你的降生，之前那位老者可是预言过我们这一生都没有儿女缘呢。老者当时还说我只能活到53岁，但如今我早已过了70岁还这么精神。"

这番话，是学海讲给自己的儿子听的。

这就是《了凡四训》的梗概。

就是说，从幼年到拜访禅寺之前，学海本来一直按照自己所背负的命运活着。但当他去到禅寺，听云谷禅师说："若是在人生各处皆心存善念，践行善事，命运就会朝着好的方向发展。"那之后，学海便将禅师所说的付诸实践，于是，命运真的发生了改变。

《了凡四训》这本书，讲的就是学海把这些事情讲给自己儿子听的故事。

人生究竟为何存在

我邂逅这本书的时候，京瓷还是一家名不见经传的中小企业。那时的经济一片萧条，我不知自己的公司哪天会倒闭。年纪轻轻就要承担经营的重担，在前路茫茫的环境中，到底要如何度过自己的人生？就在因此烦恼时，我读到了这本书。

我恍然大悟："原来人生是这么回事啊！若当真如此，我就必须按照符合《了凡四训》所教给我的'因果法则'活下去。"

我下定决心："无论遭遇什么样的命运，都要将思善行善这一条付诸实践，以这样的方式度过人生。"

为了做到这一点，我要为了全体员工的幸福把公司建设得更好，为了客户的满意而竭尽全力，于是我不断研发新材料、新产品，同时不断拓展新事业。

此外，因为我以这样的思想运营企业，所以员工们都把京瓷当成自己的公司，努力想要把它建设得更好，为了公司的发展而竭尽全力。在第五章我会详细说明，这些努力的结果，最终让京瓷成长为一家在全世界拥有七万多名员工的全球化企业。

1984年创办的第二电电（第二电话电报株式会社），创业动机也源自我纯粹的愿望：希望将由电电公社（现NTT）垄断的日本通信市场导入自由竞争，希望降低国民的通信费用。

如今，第二电电发展成为 KDDI，通过移动电话事业 au[①] 等实现了巨大的销售额，成了一家卓越的企业。

最近，我开始参与日航的重建工作。

为了日航的全体员工和日本经济，心怀"希望他人更好"的愿望，我以这样的纯粹之心接受了日航重建的任务，一心一意地投入重建工作。通过员工的意识改革，在短时间实现了业绩的快速恢复。而且，这种纯粹的愿望引发了强大的力量，不仅成功拯救了原本已经破产的企业，还让它蜕变为全世界航空公司中收益性最高的企业。

在过去 80 多年的人生之中，我经历过无数这样的事情。我相信，这样的法则适用于所有人的人生。

世间一切，都源于自己心灵的状态，以及在这颗心的驱使之下，做出了什么样的行为。

[①] au，或 au/kddi（au by KDDI）：一个日本移动电话网络品牌，由 KDDI 运营。

正如《了凡四训》中所记载的袁了凡先生那样，若尽可能心怀善念，躬行善事，就能让自己的人生变得幸福美好。

实践思善行善这一点，不仅仅能使命运好转。事实上，通过思善行善，能磨炼自己的心灵，使其变得高尚美好。我认为，这正是人生的本来目的。

一般来说，提到人生的目的，人们往往会想到去获得财产、地位、名誉等。但这些东西，无论你拥有多少，都丝毫无法带往另外一个世界。

在这个世界上，如果有一样东西是永恒不灭的话，那就是我们所拥有的心灵，也就是我们的"灵魂"，我就是这样认为的。

在迎接死亡的时刻，我们每个人都不得不放下在现世所创造的地位、名誉、财富。只能带着"心灵"和"灵魂"踏上新的旅程。

如果这么去想，那么我们所度过的人生，可能就是上苍赐予我们，让我们用思善行善来磨砺灵魂的一段时间。

从出生的那一刻起，我们就把自己的心灵带到了这个世界上，它在现世的洪流之中经历洗涤和磨炼，变得更为清澈美好，哪怕只有一点点。

"人生即修行"，这话应该就是因此而存在的。

利他
之心

人的两颗心

在我看来，每个人都拥有两颗心。

一颗是被"只要自己好就行"的利己欲望充满的心。

人要生存下去，就必须为了维持自己的生命而吃饭，而穿衣，而居有定所。这些维系自身生存所必须的欲望，换言之就是基于本能的，"首先考虑自己，只要自己好就行"的想法。此乃利己之心，人皆有之。

利己之心是自私的、贪婪的，但若没有它，人就无法生存下去，所以利己心可以说是不可或缺的。

另外一颗心，就是"想要助人，想要善待所有人"的利他之心。

每一个人身上，都同时存在着利己之心和利他之心这两颗心。其中哪一方所占的比例更大，是直接影响这个人的人品、人格的重大因素。

心灵的状态，不仅会影响这个人的人品、人格，而且还会自然而然地塑造这个人周遭的环境。

我是在观察自己和父母的人生的过程中，深切体会到这一点的。

父亲和母亲都不求奢侈，对于超过必需的物品从不追求。他们一生都在为家人废寝忘食地工作，对其周围的人也十分和善。

父亲那一丝不苟的工作态度，不仅赢得了他人深厚的信任，也带来了事业的扩张。他本人对所有事都十分慎重，安于维持现状，但尽管如此，周围其他人还是会接二连三地给予帮助。因此，"稻盛调进堂"才能顺利发展。

母亲也一向与人为善，常常被人尊称为"纪美女士"，所以每当遇到困难的时候一定会有人站出来帮忙。

好人有好报

我想到的第一个这样的人，是童年时住在附近的新见先生。

在离我家两三百米的地方，新见夫妇经营着一家自行车店。我们一般称呼他们"新见大叔""新见大婶"，但两人并非正式的夫妻。他们二人原来都在熊本，原本有妻室的大叔和从事艺伎的大婶是私奔到鹿儿岛来的。

大叔擅长修理自行车，所以他们在鹿儿岛开起了自行车行。父亲和大叔偶然相识，关系亲近，而且似乎支援过自行车店的开业。

母亲也对大婶非常和善，所以大婶经常来我家做客。我一直记得，大婶是一位性格爽朗的漂亮女性。

我的父亲和母亲都是乐于助人的人，而且都把"施恩不望报"视作理所当然。

父母对新见夫妇的和善，没过多久就回报到了我的身上。

高中毕业之前，我报考了大阪大学的医学部。在前往大阪参加考试前，新见大婶叮嘱我说："我妹妹就住在天王寺。和夫，你去找她吧！我已经给妹妹寄过信了，她一定会照应你的。"大婶说，她的妹妹以前也是一名艺伎，现在和一名踏实憨厚的泥瓦匠成了亲，两个人生活在一起。

我用仅有的一点钱乘坐了普通列车辗转前往大阪。人满为患的列车在摇摇晃晃之中抵达了大阪站。那天似乎大婶的妹妹和妹夫一起来车站接我，但由于战后的车站人多而杂，加之我们互相不知对方的长相，所以根本不可能找到对方。最后，我一路打听终于到达了大婶的妹妹在天王寺的家。

然后我在大阪大学参加了三天考试，其间在大婶妹妹家里得到了很好的照顾。

父母一直默默地关照新见夫妇。这份善意兜兜转转，以在大阪的新见大婶妹妹一家照顾我的方式，回报到了身为儿子的我身上。

常言道，"好人有好报"，这次我终于切身体会到了。父母从不苦口婆心地教育孩子说，"同情心很重要哦"，"要待人亲切哦"，而是他们那种真实的生活态度本身，让我受益良多。

仗义的游手好闲之人

还有一个人曾教会我什么叫待人亲切，他是我大学时期的同学。

后来，我没有考入大阪大学，而是考入了本地的鹿儿岛大学工学部的应用化学专业。在当时的同学中，有一个几乎不来学校的游手好闲之人，曾因为沉溺于弹珠游戏而留了级，所以比我大一岁。

我和他完全不一样，我那时可以说是一个"学霸"，大学期间成绩一直名列前茅。本来我和他是很难产生交集的，实际上关系也并不怎么亲密，但有一天，他突然邀请我一起去玩弹珠游戏。

"稻盛君，你玩过弹珠游戏没？"

我自然是没玩过的。一方面我觉得弹珠游戏很愚蠢，另一方面我也没钱。

我答道："没，没玩过。"

他接着说："那我带你去吧！"

于是，他带着我来到了鹿儿岛最繁华的街道，进店后又对我说："你就在我旁边玩，如何？"说着就买了一些弹珠给我。

我半推半就地玩了起来，但还是觉得毫无乐趣可言。

大学研究室的朋友们。前排右侧为笔者

我平时每天泡在图书馆,这时候满脑子都想着,"好想早点离开这里去学习",所以根本没有专心玩。可能是因为这个,我不断地输,很快就输光了他给我的弹珠。

而一旁的伙伴的弹珠却不断增加,完全看不出要结束的意思。我焦急地等着,没等多久,就不耐烦地自己先回去了。

从那之后,他又约过我去玩弹珠游戏,我每次都不好意思拒绝而跟他去了。大概是第三次的时候,他用积攒的大量弹珠换成了奖品和钱,带我去了隔壁的大食堂。

在昭和 20 年代(1945—1955 年),那是一个像临时小棚一样的简陋的食堂。那里好像有一种招牌面,叫"吃惊乌冬",就是在乌冬面里放了两个鸡蛋。对饥肠辘辘的大学生来说,这简直是豪华大餐。

朋友说要请我吃"吃惊乌冬"。听闻他这番好意,我大受冲击,像是被人猛敲了一下头。

热心邀请只知在学校和图书馆之间两点一线生活的死板同学,还自己出钱给我上了一堂"社会见习课"。

当我表现出对游戏不怎么感兴趣之后,他还用自己赢来的钱请我吃饭。而且他完全不把这些放在心上,吃完乌冬面就爽快地告别了。

突然之间,那个我内心多多少少曾经看不起的"沉溺于弹珠游戏而留级"的他,变得伟岸了起来。

通常,我们把够朋友义气的人叫作"仗义的家伙",说的大概就是他这样的人吧。相比之下,我自己呢?人家付了钱让我玩游戏,我却不耐烦地早早回去了。与他相比,我真是太薄情寡义了,他的为人远远高于我。

我不禁反省:"自己真是一个气量狭小之人啊,还差得远呢!"

那之后的大学生活中,这个人也教会了我很多与人相处的方法和各种娱乐方式。

专注于求学和空手道的大学时代。后排左端为笔者

最近一次同学会上我又见到了他,我对他说:"现在我也做各种各样的演讲,那些你教会我的事让我受益颇多哦!"

我说完,他依旧像学生时期一样带着难以捉摸的表情笑着说:"当真有此事?"

若能再见
母亲一面

怀念母亲做的豆酱汤

回想起来,在我一生之中,最早教我"作为人,何谓正确"的、最重要的老师就是母亲。离开家乡之后,母亲的谆谆教诲在我的心中生生不息,成了我巨大的心灵支柱。

遗憾的是,自从27岁建立京瓷这家企业之后,我总是繁忙奔波,很少有机会回到故乡。

但每当偶尔回去一次,都是一次身心的彻底放松。正如孩童时期,我总是被母亲无与伦比的爱所包裹着,长大后事业有成的我,同样也是一回到家就被母爱深深地环绕着,在其中从容放松。

在老家,仅仅品尝到"母亲的手艺"的米饭和豆酱汤,就感觉十分幸福了。母亲的豆酱汤是从豆酱开始就亲手制作的。当工作遭遇瓶颈时,只要能喝到母亲做的豆酱汤,我总能涌起无限的精力。

父母应该不知道我具体从事什么样的工作。我虽然曾经给他们讲解过京瓷的新产品和尖端技术,但他们只是微笑着倾听,估计也没有明白我说的内容。

当京瓷和我的事业多多少少有些出名时,开始有媒体去找母亲采访。听说,当记者问到我做的产品的时候,母亲回答说:"我不是很懂。我一般都是对朋友这么解释的,有一种类似于插入电灯泡的瓷器插座的东西吧,和夫就是在做那样的东西。"

插座也好,什么都好。母亲的这番话听上去有些幼稚,但我深知,无论我做的是什么,她都为我感到高兴。对此,我感受到了纯粹的喜悦。

父亲本质上是一个爱操心的人,所以每次我在事业上发起新挑战时,他总是忧心忡忡,担心"没问题吧"。但母亲在这方面颇有几分刚毅,从来不会说这样的话。或许就像我孩提时代一样,母亲完全信赖我:"和夫做的肯定是对的,让他去做就好!"

京瓷逐渐开始走上正轨之后,在京都之后,我们又在滋贺县建设了第二座工厂。

当这座工厂也满负荷运转之后,鹿儿岛县的知事向我们提出:"能否也来鹿儿岛建一座工厂?"知事应该是听说了我是鹿儿岛出身,在京都创业逐渐获得成功后,希望我也能为产业稀少的鹿儿岛注入一些新鲜的活力。

于是,昭和44年(1969年),我把京瓷的第三座工厂建在了距离鹿儿岛市坐电车一个小时左右的川内市。

开始建工厂之前,为了购买工厂用地等事宜,我回了好几次鹿儿岛。每次回去都因为想吃母亲亲手做的料理而住回老家,同行的干部职员也跟我一起。大家在我家的八叠间并排睡觉,有时是四五人,有时甚至有十人左右。不管多少人,母亲都会高高兴兴地迎接我们,再给大家做上一顿美味的料理。

关于那时候的事情,母亲后来也这样回答记者:"当儿子突然对我说,'我想要在这里建一座工厂'的时候,我就跟做梦一样。"

母亲在平成4年(1992年),82岁的时候去世了。母亲去世时,正值我事业特别忙碌的时候,经常在世界各地飞来飞去。母亲去世那天我正在国外出差,没能赶回家给她送终。

想带母亲去的地方

有时我会幻想,假如母亲现在依然活着……

不可思议的是，假使母亲现在出现在我面前，我并没有什么特别想要对她说的话。

只想坐在老家的矮饭桌前，吃上一顿母亲亲手做的美味的豆酱汤和鱼干，我就能感觉无比幸福。

如果还有机会与母亲一同外出的话，我想和她一起回一次鹿儿岛，然后带她去一次柏青哥[①]店。

战争结束后不久，一直拮据的家计也日渐稳定，兄弟七人长大成人，无须母亲再辛劳抚育。母亲生活中渐渐有了一些余暇，听说母亲手头一有零花钱，总爱去柏青哥店打弹珠。

那时我已经在京都工作了，每次在回老家时，都会陪母亲一起去鹿儿岛闹市区的柏青哥店。

母亲玩得比我还好，经常得到很多糖果奖品，每每此时母亲都开心得像个少女一样。

在一本正经的父亲看来，母亲爱上玩柏青哥不是一件好事。

---

① 柏青哥：即弹珠机，一种具有娱乐成分的机器。

当时我一直给父亲汇寄生活补贴，母亲有时跟我埋怨："你父亲不给我去柏青哥店玩的钱！"于是，我会悄悄给她一点零花钱。

在我看来，柏青哥对母亲来说，是她这一生之中为了家人鞠躬尽瘁之外，屈指可数的"自己的乐趣"了吧。

想要再次看到母亲心无牵挂、开心享受的模样，我常常想"再带母亲去一次柏青哥店"。

第四章

京都 大和之家

为了那些心中
留下伤痛的孩子

一则惊人的报道

在京都府南部的精华町,有一家名为"京都大和之家"的儿童福利院。

2004年,为了近年来遭受虐待、抛弃,或其他不得已的原因被迫离开家庭的可怜儿童,我创办了这家福利院。

名字中的"大和"二字，是我作为僧侣的法号（1997 年，我在京都八幡的圆福寺得度，被赐予了这个法号）。

"大和之家"能够容纳 20 名婴儿和 60 名儿童。

另外，这里还为离开这里自己独立或回归家庭的孩子提供全方位的细致帮助。

2003 年，为了因就职和升学而必须离开福利院，开始自力更生的孩子，我创办了"稻盛福祉财团"，向他们发放生活独立支援金。

最初打算从事儿童福祉活动，是我归还京瓷和 KDDI 代表权几年后的 2000 年左右。

那段时间，报纸、杂志和电视上连日报道虐待儿童的新闻。我了解到，这些受到虐待的儿童会得到儿童相谈所[①]的照顾，最终进入儿童福利院，但由于这类儿童的数量过于庞大，因此无法保证每一个受虐儿

---

① 儿童相谈所：接受 18 岁以下青少年多方面商谈和咨询的公共机关，具体接受健康、心理障碍、不良行为、养育等方面的咨询。

童都能得到收容。

听完报道,我十分痛心,没想到竟然有如此多的儿童经历如此惨痛的童年。

之所以会对这种社会现象如此在意,我觉得是因为自己自小就在母亲的温柔疼爱中长大,拥有幸福美好的童年。

即使我是一个不让人省心的"爱哭鬼",但母亲还是悉心照顾我,守护我,教导我正确的为人之道,一直到我长大成人。那温柔的母爱,至今依然温暖着我的心。对于有如此经历的我而言,很难想象世界上竟然有那么多亲生父母会虐待自己的孩子。

孩子想要的,不过是父母的爱而已。曾经我也是一个很黏人的孩子,从小就喜欢缠着原本忙碌不堪的母亲,想她爱我比别人更多。前面我也提到过,直到这把年纪,我有时还会发现自己口中不知不觉念叨着"母亲"。

所以,竟然有孩子被父母虐待,那是何等凄惨。

一想到这里,我就如坐针毡。

在二战前,有一种叫作孤儿院的机构,主要收容失去双亲或双亲丧失抚养能力的孩子。据说在现在的儿童福利院,与这样的孩子相比,受到监护人虐待的孩子的比例正在不断增长。

这些遭遇不幸的孩子,到底将由谁来照料看护呢?对此,我忧心不已。

走访京都附近的福利院

因此,我决定去拜访京都府及京都市的儿童福利负责人,以了解详细情况。

"我完全不了解儿童福利的相关知识,能请您介绍一下当下儿童福利的现状吗?"

听完我的问题,负责的人士对我提出了建议:"稻盛先生,如果您关心这方面的情况,建议您亲自实地参观一下儿童福利院,您看呢?"

这位负责人给了我京都附近一些儿童福利院的地

址，我决定亲自去拜访一番。

那段时间，我利用空闲的周日，自己驾车走访了数家福利院，京都市内自不必说，从北边的舞鹤到西边的神户都走了一遍。

每到一家福利院，我都会找到负责照看这些孩子的院长，跟他们交流。据他们所说，大部分福利院最初都是由一些有产者、慈善家或宗教人士看到无家可归的孩子太可怜，而作为慈善机构建立的。

这些慈善家的儿子或孙子会继承这些福利院，大多是直接沿用父亲或祖父建好的设施，其中很多建筑物早已老化。我也了解到，就是在这种环境下，为了孩子们，院长和其他工作人员还在拼命工作着。

我很幸运，作为一名实业家创办了京瓷，使其一路成长发展。结果，我的人生也一帆风顺。因此，如果有机会回馈社会，我迫切希望能尽可能给这些遭遇不幸的孩子提供一些支持和帮助。这样的心情越来越迫切。

后来，我再次遇见了京都府负责儿童福利的人士。

这位负责人对我说："京都府的南部区域特别缺乏福利院。虽然开发了住宅区，人口也在不断增长，但儿童福利院一间都没有。因此，家住南部的孩子不得不入住到北部的福利院，这令人十分困扰。"

听到这样的话，我决心在京都府南部开办一家儿童福利院。

一家开放明亮的福利院

要开办福利院，首先需要购买土地。京都府南部的精华町没有任何儿童福利设施，所以我们在当地政府的帮助下，开始在这片区域寻找候选地。

看了几块土地之后，我最终买入了精华町政府附近的一处略有起伏的农地。

正如前面写到的，京都府的儿童福利院中，很多都是利用已经老旧的建筑物，其中有一些使用的还是二战前的有识之士修建的木结构建筑。

跟生活在这些福利院的孩子和工作人员交流之后发现，孩子们总觉得带学校的朋友回福利院是一件没面子的事。因为经常被朋友叫去家里玩，作为回报也想叫朋友来福利院玩，却因为建筑老旧而感到自卑。

听到这里，我恍然大悟："原来在孩子们心里，福利院是他们的家啊！"那么，既然要建，我就要建一个能让入住的孩子们自信地说出"来我家玩吧"，然后高高兴兴带朋友回来的地方。

为了尽可能抚慰孩子们在悲惨的家庭生活中受伤的心灵，为了他们能开心快乐地生活，从福利院的设计阶段开始，我每个月都会和大家一起开会讨论。外装方案是我提出的，采用橙色屋顶和白色墙壁环绕的南欧风格设计。

另外，我在福利院中央设计了一个钟塔。这种"尖尖的屋顶钟塔"曾出现在描绘战后孤儿和退伍士兵交往的电影——《钟鸣之丘》中。

此外，福利院还设有宽敞的玄关和门厅，以及用于和当地人交流沟通的会客厅。最终，我们设计出了一座开放明亮的福利院。

像兄弟姐妹一样生活在一起

在福利院的运营方式上，我也花了不少心思。

那个年代，很多福利院都采取大集团集体生活的大宿舍制。但在京都"大和之家"，我们参考了厚生劳动省的指导，采用了新的方式，将福利院内部划分为六个生活单元。

每个单元定员 10 人左右。在每一个单元中都设置了和普通家庭一样的起居室、厨房、浴室、卫生间和盥洗室。还根据我的想法，定做了下面是书桌上面是床铺的上下铺，以及具备收纳功能的整体家具。

每个单元，都安排包含幼儿园小朋友到高中生在内的不同年龄层的孩子，孩子们像兄弟姐妹一样生活在一起。

然而，当这种方式真正开展起来的时候，工作人员似乎感觉十分吃力。因为一个单元有上至高中生，下至幼儿园的孩子，他们生活在一起无疑增加了工作人员的工作难度。同时，这些来自不同区域不同家庭的孩子之中，只要出现一个有问题的孩子，就会破坏和谐的氛围。

但由于从厨房到浴室都需要像一家人一样共用，在共同生活的过程中，自然就会逐渐磨合出像兄弟姐妹一样的连带意识。

我自小生长的家庭就是这样，在兄弟姐妹非常多的家庭环境之中，每个孩子都需要在必要的时候学会忍耐，也必须学会相互帮助和互相谦让，学会分享喜悦。我想，能够在这样的环境中成长，对孩子的成长是一件意义非凡的好事。

另外，我也决定将儿童福利院和婴儿院合二为一。

一般来说，儿童福利院和婴儿院是分开存在的，到了年龄，孩子们就从婴儿院转入儿童福利院。但京都"大和之家"希望孩子们尽可能持续地在同一个地方安心成长。于是我决定把这里建成一个兼具婴儿院和儿童福利院的机构，可容纳 20 名婴儿和 60 名左右的儿童，让所有孩子相伴成长。

智力和体力平衡发展

此外，京都"大和之家"还设置了帮助孩子们回归家庭的"支援室"，以及对受虐待儿童进行心理干预的"心理治疗室"。

我们还花了功夫思考如何让孩子们能够快乐学习。

在入住福利院的儿童中，有一些孩子由于成长环境所限导致学习成绩不怎么好。

受到因公文式学习法而广为人知的日本公文教育研究会的关照，我请了公文的老师来到福利院。"大和之家"设有类似学校教室的学习室，孩子们放学后可以在这里请公文的老师指导功课，而学生们自学的公文教材则由工作人员进行评分。

刚开始时，感觉孩子们兴致并不高，学得不情不愿。但渐渐地，他们产生了兴趣，习惯了学习这件事，在升学的时候也发挥了作用。现在，越来越多的孩子成功考上大学和短期大学，甚至有的孩子还考上了国立大学，为后面的孩子们树立了良好的榜样。

另一方面，我希望孩子们的身体也能茁壮成长。

于是，跟孩子们和工作人员沟通后，我们决定将"大和之家"的南侧广场改建为足球场。

如此一来，孩子们每天都能在这里玩耍，后来还成立了名为"大和FC"的室内五人足球队。

没过多久，这支"大和FC"就参加了近畿儿童福利院协商会的运动会。

现在，球队水准越来越高，甚至有时可以在大会上争夺冠军。我觉得，对孩子们来说，能尽情运动，持续锻炼是十分重要的事。通过在运动方面获得优异成绩，孩子们越来越自信，在做其他事时也变得更加努力了。

员工也要幸福

为理想燃烧的员工们

由于我个人完全没有儿童福利的相关经验,所以在招聘院长和职员的时候,我拜托了之前对我多番关照的京都府儿童福利负责人。然后,我们请来了在京都府儿童相谈所的资深从业者来"大和之家"担任院长一职。接着,以这位院长为核心,开始招聘职员,主要对象是在大学学习儿童福利和心理学专业以及拥有保育士资格的应届毕业生。

在京都府、京都市的协助之下，我用私人财产建立了公益财团法人"稻盛福祉财团"，为孩子们18岁以后在社会上独立生活提供支援。因为我曾听说，这些来自福利院的孩子，离开福利院自立之后经济方面都十分拮据。

该财团面向京都所有的儿童福利院，为那些离开福利院并离开双亲独立的孩子，连续两年提供每月20000日元的资助金。除此之外，也为上大学和职校的孩子们支付此项资助金，直到他们毕业。该财团还为京都府的某儿童福利院和婴儿院等提供部分用于建筑修缮的资金支持。

经过充分的准备，2004年8月，集儿童福利院和婴儿院为一体的京都"大和之家"正式成立了。

"想要帮助孩子，守护孩子！"为这份美好理想而燃烧的职员们，也开始了在京都"大和之家"的工作。

志在儿童福利事业的年轻人，怀着满腔希望和使命感来到了这里，这让我十分欣喜和放心。

面对这些每天辛勤工作的职员们，我发自内心地祈愿："希望你们能够替代这些孩子的父母，支持这些挣扎于困境中的孩子们。希望每一个人都怀着一颗温柔的心去照顾这些孩子。"

充满温暖的支持

令我欣慰的是，除了我们，也有很多其他人意外地伸出了援助之手——他们就是一些中小企业的经营者。

我一贯向大家强调的经营哲学是：企业经营必须是为了员工的幸福，必须是为社会、为世人做贡献。

当得知我开办的京都"大和之家"开始运营后，来自美国夏威夷和纽约的企业家们会时不时来到福利院，教孩子们学习英语和舞蹈。

另外，日本的企业家们也会寻找各种机会给福利院赠送物品,这让孩子们十分高兴。比如圣诞派对上,京都和滋贺的企业家们带来了整只的烤鸡大餐和蛋糕、水果等,他们真的是以温暖的心灵在关怀福利院的孩子们。

此外,在京都市开中餐店的杨正武先生,每年都会来"大和之家"请孩子们吃中餐。我还听闻,杨先生怀抱非凡的爱心,不仅在"大和之家",在其他福利机构也持续参与公益活动。

正因为有这么多爱心人士的支持和职员们的不懈努力,"大和之家"才有了今天的顺利运转。

儿童福利是神圣的职责

我每年都会寻找几次机会,自己去往京都"大和之家"。然后,激励那些每天孜孜不倦辛勤工作的职员们,我对他们这样说:"你们中大部分人现在还没有自己的孩子,却在替别人照看孩子,经历着旁人难以理解的艰辛。因为受到虐待,有的孩子不再相信成年人,也有的孩子就此紧闭心门。面对这些孩子,你们怀着一颗温柔善良的心,随时对他们伸出温暖的双手。这是助人于危难的纯粹的大爱行为,是最大的善行。

"我知道,在日复一日的工作之中,大家一定面临着许多困难。我认为,在人生这场修行之中,你们正日夜不停地磨砺自己的心灵,使其变得更为美好。人生最终极的目标,就是磨砺心灵,磨炼灵魂。而儿童福利事业,正是一份能帮我们实现人生终极目标的神圣事业,是一份应该受到广泛尊敬和赞美的伟大事业。"

之所以会这么说,是因为我认为,这些照顾孩子们的职员一定要带着幸福的心去工作。

如前所述,这些职员大部分都是学习儿童福利等专业的,他们都是满怀着希望参加福利院的工作的。但很多职员在这之前不仅没有实际照顾孩子的经验,而且现在要照看的还是一些内心饱受创伤的小孩,过程中会不断遇到从未想象过的困难,以至于渐渐丧失继续坚持的信心。

我只想鼓励那些内心迷茫的职员们,希望他们"一定要保持忍耐,持续努力"。

我还告诉他们,在养育孩子这件工作上,"利他之心"和"感恩之心"十分重要,并对他们这样强调:"每天怀抱着珍贵的关爱之心不断行善的诸位,一定有美好的未来在等着你们。我理解大家每天工作十分辛苦,但还是希望你们勿忘初心,为了这些孩子而持续努力!

"你们积累了了不起的善行,不可能不幸福。在未来的人生路上,一定有更多的幸福在等待着你们。请你们一定要坚信这一点,并继续努力!"

正如之前我引用的中国古籍《了凡四训》中所说,自己以后的人生会由于自己当下的行为而改变。

这也是我自己历经漫长人生后所确信的事:善意行为的结果,最后必定会回到自己身上。

年轻的职员也许还无法相信,但到了我这个年纪,的确能真切体会到"好人有好报"是真实不虚的。

　　这种切身体会，是我自己在经营公司的过程中获得的。此外，父母始终善待他人，我从他们的人生态度中也学到了同样的东西。

　　所以，我衷心祈愿，所有父母和教育工作者们，都能深刻地理解并实践这些人生至理，再将其切实地传给下一代。

第五章 应当教会孩子们的事

愿望
一定能实现

"愿望"为何物

最后,我想讲一讲对于孩子们的未来非常重要的内容。

说到底只有一句话,那就是"愿望一定能实现"。我想尽我所能地告诉大家,"愿望"究竟为何物,到底拥有怎样惊人的力量。

我们人类在每一天的生活之中,都在不断思考和生起愿望。所谓"思考",是我们用头,也就是用大脑所进行的。比如要记住一件事,要想起一件事,各种关于思考的行为都是在大脑中进行的。在这种"思考"之外,在人类的行为中,还有一种叫作"生起愿望"。

例如"想要做这样的事""想要那样的东西"等,这些在心中浮现的念头,全部都是这个人的愿望。

在愿望之中,有时也包含愤怒、孤独、悲伤、喜悦等情绪。这些都算作我们心中浮现的愿望。通常情况下,我们生活中会经常生起各种愿望。我认为,对我们的人生而言,这种生起愿望的行为是最重要的事情。

一般来说,人们往往会重视用头脑思考事物,而轻视愿望,将其视为一种简单的东西。但我觉得正相反,没有比生起愿望这种行为更有力量的东西了。

但遗憾的是,认识到这一点的人并不多。

然而，愿望是人类所有行为的根源，是一切的基础。而明确展现这一点的，正是当今的文明社会。

距今大约 250 年前，以发源于英国的工业革命为契机，人类开始建设近代文明社会。在此之前，人类都是生活在自然之中，接受自然的馈赠，以此为生。而自所谓的工业革命之后，人们发明了蒸汽机，在工厂使用大量机械生产各种产品。接着，人们不断发明和发现新事物，科学技术也取得了显著进步，短短 250 年间，就构筑了如今物质充裕的文明社会。

那么，为什么科技能取得如此大的发展呢？究其原因，根本就在于人类所拥有的愿望。

"如果有这个东西那就方便了""如果有这种可能性就能更舒适"，这一类愿望、念头，会在我们每个人的心中浮现。例如，从前我们都是步行或者奔跑，有的人就会想，有没有更快速、更方便的移动方法呢？

这如梦般的愿望会转变成强烈的动机，人们开始着手制造新的交通工具。从愿望起步，接着用大脑认真思考，然后努力钻研，经过反复的失败，最后不断制造出新的交通工具。有人设计制造了自行车，有人发明了汽车，有人造出了飞机。

在这样发明和研发具体事物的时候，我们必须用头脑思考和研究，但这一切的发端，就是浮现在心头的愿望，也可以说成是心血来潮。

这样的心血来潮往往会被轻视，甚至经常听人批评说"不要凭心血来潮说事"。然而，正是这些心血来潮，构成了现代科学技术和发明发现的出发点。

愿望是一切事物的起点。人类的行为首先就是由心中的愿望开始的。如果没有愿望，就不会有任何行动。如此宝贵的愿望就存在于人的心中。

如果是这样的话，那么其次重要的，就是要搞清楚："人的心究竟是怎样的东西？"

耕耘心灵的庭园

我在本书的第三章也有所提及，我认为，人心原本是由两个部分构成的。或者应该说，由两个同时存在着的相生相克的力量所构成。

其中第一种心，就是利己之心，即"只要自己好就行"的受极端利己欲望支配的心。第二种心，是利他之心。可以说这是让世界变得更好的原动力，是"想成为对别人有用的人""想要帮助他人"的关爱之心。

无论是谁，一定同时具备这两样东西，而这两者各自所占的比例是多少，则构成了这个人的人品。

问题在于，这两股力量不断斗争，很难处理。即便"利他之心"念叨着"今天还是要想着如何帮助别人，怀着关爱之心去度过"，但另一方面，自私的利己之心却在一旁叫嚣着："你还有时间管别人的事？独善其身多轻松啊！"

那么，究竟如何做才能压制住这种卑劣的声音，秉持一颗利他之心去生活呢？

关于这一点，英国启蒙思想家詹姆斯·爱伦在100多年前，曾用这样的语言表达：

"人的心灵像庭园。这庭园，既可理智地耕耘，也可放任它荒芜，无论是耕耘还是荒芜，庭园不会空白。如果自己的庭园里没有播种美丽的花草，那么无数杂草的种子必将飞落，茂盛的杂草将占满你的庭园。

"一名优秀的园丁懂得耕耘庭园，清除杂草，然后种下美丽花草的种子，培育它们繁盛生长。相同地，作为自己心灵庭园的主人，我们如果想要拥有精彩的人生，就需要精心耕耘，将内心不纯粹的、错误的思想一扫而空，然后埋下干净正确的思想的种子，培育其不断生长。"

换言之，每个人的心灵都是需要自己看管照顾的。一味放任不管，心灵势必会沦为一座长满欲望、愤怒、嫉妒、不满的杂草的庭园。若想拥有百花争艳、芬芳四溢的心灵庭园，重要的是要时时审视自己的内心，自己观察其状态并给予照顾和维护，种下关爱与感恩的种子。

这一点，我尤其希望年轻人能够持续注意。虽然有人认为人的性格与生俱来，后天无法改变，但我相信，只要不断耕耘心灵的庭园，不断进行这种训练，就一定可以改变。只要持续地、真挚地直面自己的内心，就能塑造更为高尚的人格，性格也会变得更为美好。

如果能使其成为每天的习惯，那么一切都不是难事。例如，每天入睡前几分钟，尝试闭上眼睛静静回想当天发生的事情。如果这一天里充满了欲望、愤怒以及不满等，就应该及时自省。告诫自己，不能如此下去，一定要成为更加善良、更加开朗的人，这其实就是对自身心灵庭园的耕耘。

如果每日坚持，首先身边的人一定会发现你的变化，意识到："这个人变得稳重温和了许多，这是为什么呢?"

流淌在宇宙间的"爱"的法则

我认为,假如一个人不断磨炼自己的心灵,形成了优秀的人格,那么一定会迎来很好的结果。

为什么这么说呢?因为我们身处的这个宇宙中,存在着一种法则,会支持这些怀有利他之心的人。在这个宇宙中,存在着一种法则,不是让森罗万象以其一贯的姿态存在,而是引导一切事物朝着成长发展的方向前进。也可以说,这是一种让万事万物都朝着更好方向进化的力量。

距今大约 140 亿年前,一小团基本粒子发生了大爆炸,形成了宇宙,发展出无法想象的浩瀚空间,据说时至今日依然在不断膨胀。

虽然最开始仅仅是基本粒子,但从中产生了各种原子,这些原子又不断结合产生分子,分子与分子之间紧紧相连然后形成高分子。接着,又出现了蛋白质,然后形成了DNA这种生命之源，于是出现了原始生物。原始生物不断进化，后来进化出了人类。据说今天生物的进化仍然在持续。

思考宇宙的这种从诞生到进化的历史，就让人无法不感受到某种"宇宙的意志"的存在，它推动着一切事物成长发展。

即使是一颗路边的石子，也和我们这些生物一样，平等存在着一种让一切事物朝着更好方向发展的"宇宙的意志"。

正是由于我们生存在这样的宇宙中，所以宇宙是不可能置"更好的心"于不顾的。宇宙一定会将那些心怀善念的人们带往更好的地方。

这一生命的真理，决不能忘却。

如果始终不忘耕耘自己的心田，就可以得到宇宙的支持，可以迈向超乎自己想象的人生旅途。

我就是这样的一个证明，原本只是一个出生在农村的普通少年。我现在之所以能度过那时候完全无法想象的人生，一定是因为宇宙在不断支持着我。为了拥有一颗能接收到宇宙之爱的心灵，我坚持不懈地耕耘自己的心灵庭园，强烈地希望能帮助更多人度过更好的人生。

如何将愿望
转化成现实

付出不亚于任何人的努力

至此为止,我一直在阐述愿望的重要性以及蕴含愿望的美好心灵。接下来,我将会为大家说明如何将愿望转化成现实。

"愿望一定能实现"虽然是真理,但其中有一个非常重要的先决条件——即一定要拥有非凡的决心,付出非凡的努力，全力以赴朝这个愿望和梦想前进，并将其实现。

这种努力，不是浅尝辄止地努力一下的水准，而必须朝着自己的目标心无旁骛，竭尽全力，付出不亚于任何人的努力。

坚持不懈地付出巨大努力，当然不是简单的事，必定艰苦卓绝。所以必须首先战胜自我。但一旦坚持下来，就能获得意想不到的结果。

常言道："努力胜过天才。"这个世界上当然存在着天赋异禀的人，但无论是在学术领域还是实业领域，在全世界取得巨大成就的人全都是努力奋斗的人。付出异于常人的努力和持之以恒的坚持，最终才能取得天才般的非凡成就。

面对怎样的困难都绝不妥协，始终拼命坚持，朝着前方不懈努力，这样的力量，一定可以解决所有问题，帮助这个人实现他的目标。

无论工作还是学习，只要不断努力了，还有另外一个很大的益处。只要朝着目标全神贯注地努力了，就自然而然会去思考：是否还有更好的方法呢？还有什么办法可以提高效率呢？这样一来，明天比今天好，后天比明天好，每一天都在不断创新。

我虽然从未把自己当作能力出色的人，但在每天拼命工作的过程中，会自然而然地思考，还有什么更好的制造方法吗？还有什么更有效的销售方法吗？就是这些思考，带来了我自己都无法想象的进步和发展。

我想，正是由于神明看到了我一心一意地持续努力，看到了我即使遭遇挫折也不放弃，不断思考的姿态，才赐予了我新的智慧和灵感。

前文也有提到，我参与经营了京瓷、KDDI和日本航空这三家企业。这些企业之所以都能持续展开卓越的经营，并非偶然。说得直白一点，我认为，这些企业的状态，就是经营这些企业的我本人的心灵状态。

我从鹿儿岛大学毕业之后,就职于京都的一家公司,当时公司的经营状况江河日下,甚至到了发薪日都领不到薪水的状态。虽然我想马上就辞职,但当时也没有别处可去,无奈之下决定埋头于公司交给我的研究工作——即日本前所未有的精密陶瓷的研究开发工作。

然而,这家公司的研究室并没有足够的设备和器具。在这种情况下,再考虑到我当时的能力、经验和研究难度,怎么样都无法看到成功的可能。但是,一定要让岌岌可危的公司能够起死回生,我心中怀抱着这样强烈的愿望,拼命投入到研发工作中。

我甚至把自己做饭用的锅碗瓢盆都搬到了实验室,开始在这里自己做饭自己煮味噌汤,驻扎了下来。我内心抱着"一定要亲手研究出新的精密陶瓷"这个远超自己能力的目标,每天朝着这个目标不舍昼夜地努力着。

虽然启动这项研究最初并非我自己的意愿,而是公司决定的,但我将这个公司布置的任务转化成了无论如何也要做出来的愿望，而且，"希望靠这个将公司和同伴从水深火热中拯救出来"，我进一步地将其提升到了这样的高度。心怀这样的愿望，我每天都埋头于研究工作之中。结果，终于成功合成了全新的精密陶瓷材料。这在日本是第一次，在世界上是第二次。

创办京瓷之后，我也是心怀这样的愿望，持续拼命努力，不断开发新材料和新产品，不断开创新事业。现在，京瓷已经成为一家营业额超过 1.5 兆日元的全球性企业。"为了员工要把公司建设得更好，要让它成为一家大家都能引以为豪的企业。"我认为，正是因为我心怀这样的愿望，持续地、反复地付出不亚于任何人的努力，才带来了今天的结果。

动机善否

我认为，KDDI 的创立，同样也正是愿望和努力所带来的结果。

距今大约 30 年前,我在没有任何关于通信事业的知识和经验的情况下,对当时的电电公社这一从明治时代以来的超大企业发起了挑战。这是因为当时的电电公社垄断了日本的国内通信市场,每个人都需要支付高昂的通信费用,而我的"愿望"就是尽可能减少国民的通信费用,减轻他们的负担。

当时的京瓷规模尚小,要挑战如同巨人一般的电电公社,在任何人看来都是莽撞无谋之举。据说除我之外,也有其他一些人和企业想设法改变电电公社的垄断状态,但因为"对手是一家自明治以来把电话线牵进日本千家万户的巨型企业,要挑战这样的对手实在是太过鲁莽",所以,他们都犹豫不决。

但我没有丝毫动摇,我认为,"为了日本的将来,为了日本的国民,无论如何都必须降低通信费用"。

我用了半年时间反复扪心自问,是否"动机至善,私心了无"?

我问自己:"你想要与电电公社对抗,是出于为他人谋福利的利他之心,还是出于想牟利、想壮大京瓷公司、想扬名立万这样的私心,也就是利己之心呢?"

随着日复一日的自问自答,我终于得出了结论:"我的动机是善的,没有不纯之物。"

自那以后,我付出了不亚于任何人的努力,投入到电子通信事业中。然后抱着一颗利他之心心无旁骛地不断努力,过程中也得到了许多人的帮助和支持。

由此,KDDI 不断成长发展。现在,使用 au 手机的用户数量庞大,KDDI 已经成长为一家销售额近 5 兆日元的巨型企业。

不屈不挠的一颗心

日航的重建工作也是一样。

当接到政府希望我重建日航的要求的时候,我曾找很多人商议,但所有人都异口同声地说:"还是放弃吧!"

但最终我还是决定接受这个巨大的项目,因为日航的重建工作有三大意义。

第一，是对日本经济的整体影响。我认为，像日航这样的代表国家形象的企业如果破产，不仅仅会对日本经济造成打击，也可能会让日本国民丧失自信。反之，如果重建工作顺利推进，则可以给日渐衰退的日本经济注入巨大活力。

第二，是无论如何也要保住这个企业中剩下的三万两千名员工的工作岗位。

第三，是守护人们乘坐飞机的便利性。如果日航不复存在，日本的大型航空公司就变得一家独大，市场竞争的原理就不再有效了。如此一来，航班费用会高涨，而且各种服务的质量都有可能降低。

虽然当时我已年近八十，但因为这番"大义"，我决心站出来。

我决定首先从点燃员工们的"愿望"之火开始，也就是"意识改革"。

日航员工们的工作方式被称为"手册主义"，我去往工作现场，反复对他们讲解，航空公司属于服务行业，每一个员工都要努力站到客户的角度去接待客户，这一点极为重要。

我之前就决定，在这项重建的工作中不取分文。每周的大部分时间里，我都住在东京的酒店，工作结束得晚，就去便利店买一点饭团充饥，持续过着这样的生活，全力投入到了日航的重建工作之中。

看到我的这种姿态，再加上听到我的种种主张，越来越多的员工开始转变心态，全身心投入到重建工作之中。通过员工众志一心的努力，日航在破产三年之后摇身一变，成为世界上利润最高的航空公司。

人的愿望和努力所能发挥的力量，就是如此强大。

无论是京瓷、KDDI还是日航，都不是从最开始就能看见成功的。无论哪项事业，最初看来都是根本不可能成功的。但是，我将自己的愿望升华到了"为了社会、为了世人，无论如何都要成功"的高度，付出了不亚于任何人的努力,才带来了今天的成功。

我在经营这三家公司的过程中,将一些话铭刻心间,并持续不断地向员工们强调。这是一位名为中村天风的先生所说的话,他的教诲曾令年轻的我深受触动。

天风先生年轻的时候曾患上十分严重的肺结核,当他觉得自己命不久矣的时候遇到了一位印度的瑜伽大师,经过一番艰辛的修炼,天风先生在开悟之后回了国。

回国之后,他心无旁骛地努力,靠一个人的力量创办了银行,并帮助多家企业取得了成功。此后,他还向很多人讲法,阐述积极思考的重要性。天风先生有一句名言,我想在这里介绍给大家:

"成就新计划的关键在于一颗不屈不挠的心。因此,必须日思夜想,志向高洁,坚韧不拔,一心一意干到底。"

若想实现自己的愿望,就必须抱定无论发生什么都绝不放弃的决心，付出坚韧不拔的努力。就是说，必须去除杂念，专注于"想干成这样"的愿望，持续不断地拼命思考，而且，要志向高洁，以美好的心灵，持续而强烈地思考。

天风先生就是这样说的。这才是我们人生中最为重要的事情。

前面提到了日航重建，我在接受重建任务之后，就在第一时间把这句话送给了日航的员工们。然后，全体员工都一心一意，心怀崇高而强烈的愿望，付出不亚于任何人的努力，这样的愿望和努力形成了巨大的力量，带来的结果就是重建的成功。

虽然需要付出时间，但只要心怀高洁的志向，持续拼命努力，愿望就一定能实现。

正因如此，对于未来将要承担这个国家和世界的孩子们，我强烈希望能告诉他们"愿望一定能实现"这一真理；告诉他们"朝着愿望奋勇前进的行动力""过程中决不放弃的忍耐力""不亚于任何人的努力"是何等重要；我还想告诉他们，最为重要的，是强烈而正确的愿望。

就像我母亲教会我诸多人生道理一样，这是我们必须超越代际去传承的"天理"，是这个世界的"规定"。

我希望孩子们都能坚信这一点并为之持续努力；希望那些守护孩子们的家人们，给予孩子们温暖的守护，让他们的愿望最终能够实现。我发自内心地祈愿，从今以后将要承担这个精彩世界的孩子们，在未来漫长的人生道路上能够实现自己的愿望，度过幸福精彩的人生。

終 章

『母亲』即『神明』

平成 6 年（1994 年），我为母校鹿儿岛大学捐赠了"稻盛会馆"，这是一座地上三层地下一层的建筑，由著名设计师安藤忠雄先生设计。这个建筑内部刻有我双亲的名字。

我将"稻盛会馆"命名为"纪美·畩市纪念馆"。遗憾的是，会馆竣工时双亲都已经离开了这个世界，但他们在世时，我曾跟他们聊过这个建设计划，他们十分高兴。据说父亲好像还去了好多次建筑工地。

为了养育我们这些后代，父母付出了那么多的艰辛，我想尽己所能回报他们的恩情。但至今我依然不知道自己做得是否足够。

尤其是对于母亲，我深知，无论怎么做都无法完全回报她的养育之恩。

母亲始终用她那比海还深的爱完整地包裹着我这个"熊孩子"。

每当我想起用瘦弱的身躯在战后的动荡时期顽强守护家人的母亲，或者想起小豆粥袅袅热气中母亲的笑脸，我都会情不自禁地深情呼唤："母亲。"

不仅是我，这世上所有的男性，不管到了多少岁，恐怕都不会想要与母亲平起平坐。

这是因为，母爱实在太过伟大。

当看到孩子生病时，母亲一定会奋不顾身地加以照顾，不惜以自己的生命交换孩子的健康。这种爱，不是普遍的、对谁都能给予的美好关爱，而是非常极端的、只有面对自己的孩子才会有的爱，也就是所谓发自本能的爱。

没有比母亲更伟大的存在。

即使是普通的、缺乏教养的母亲，在孩子心里也是值得尊敬的，因为即便是这样的母亲，对于自己孩子的爱和温情也非常深沉。

最近，我有时候会想，或许现在自己口中呼唤的"母亲"，是指妻子。

我是第一次写到这个内容。75岁以后，我发现我的妻子是一位非常优秀的妻子。她优秀到让我忍不住双手合十，想要向她顶礼膜拜的程度。

当然，年轻的时候我们总是互相说一些争强好胜的话，但如今我发自肺腑地认为她的确是一位温柔的妻子。这不是秀恩爱，而是真心这么认为，而且我发自内心地尊敬她。

现在，我待在家里的时候多了，经常见到妻子。我们夫妇二人之间没有什么特别的对话，但她总是无微不至地关心着在家里无所事事的我。饮食起居，面面俱到，而且一次抱怨和牢骚都没有过。

我一心忙于事业，很少关心家事，但妻子帮我把三个女儿养育得非常好。虽然我总说一些冠冕堂皇的话，但事实上在记忆中我没有怎么照料过孩子，全部都是妻子代劳的。

我经常因工作而晚归，即使在带孩子忙得不可开交的时候，妻子也会等到我回家后才睡觉。

她从未有过怨言，也从不问我什么。

我对于妻子极度依赖，以至于我觉得如果妻子不在了，我可能就活不下去了。

有时，我也会这样想。

我轻声呼唤"母亲"，当然一方面是在呼唤母亲纪美，另一方面也是在呼唤自己的妻子，同时也是在呼唤神明。

因为母亲永远都会无条件守护爱护自己，所以对于孩子来说无论何时都像是神明一样的存在。

而且，也许正是因为觉得母亲随时都在天上某处守护着自己，所以会像小时候向神佛双手合十一样，在口中念念有词："母亲，对不起。""母亲，谢谢您。"

所谓"母亲"，真的是"神明"的同义词。

这个世界上的所有人，生命都是母亲赐予的，这么一想，或许也就能觉得理所当然了。

所以我现在深切地感受到，"母亲，谢谢您"就是"神啊，谢谢您"的意思，"母亲，对不起"就是"神啊，对不起"的意思。

对于让耄耋之年的我还能产生这种觉察的母亲，我发自心底地想要表达感谢。

母亲，谢谢您。

附录

高净喆

年轻时的稻盛和夫在成立了京瓷公司后,开始思考今后要度过什么样的人生。在这个思考过程中,他有幸邂逅了中国400多年前的袁了凡写的著作,叫《了凡四训》。

稻盛和夫曾谈到:"读完这本书以后,顿时得到了顿悟的感觉,原来人生是这样的。这本书中写到,人的命运并不是无法改变的,而是可以改变的。"

稻盛和夫非常庆幸自己能够读到《了凡四训》,并把这本书作为人生立论的指导。现在,就将这本改变稻盛和夫命运、让他大彻大悟的《了凡四训》摘录如下。

汝之命，未知若何？即命当荣显，常作落寞想；即时当顺利，常作拂逆想；即眼前足食，常作贫窭想；即人相爱敬，常作恐惧想；即家世望重，常作卑下想；即学问颇优，常作浅陋想。

远思扬祖宗之德，近思盖父母之愆；上思报国之恩，下思造家之福；外思济人之急，内思闲己之邪。

务要日日知非，日日改过；一日不知非，即一日安于自是；一日无过可改，即一日无步可进；天下聪明俊秀不少，所以德不加修，业不加广者，只为因循二字，耽搁一生。

这段内容堪称了凡先生的"训子文"。了凡先生在69岁时给儿子天启讲述了自己的故事，并告诉后辈，命运在自己的手中，不在别人口中，要做命运的主人。同时也警醒后辈要居安思危，有忧患意识。还要一心向善，牢记使命，不安于现状，时时反省自己，有错及时改正，做对国家、社会有用的人。

何谓与人为善？昔舜在雷泽，见渔者皆取深潭厚泽，而老弱则渔于急流浅滩之中，恻然哀之，往而渔焉；见争者皆匿其过而不谈；见有让者，则揄扬而取法之。期年，皆以深潭厚泽相让矣。夫以舜之明哲，岂不能出一言教众人哉？乃不以言教而以身转之，此良工苦心也。

吾辈处末世，勿以己之长而盖人，勿以己之善而形人，勿以己之多能而困人。收敛才智，若无若虚，见人过失，且涵容而掩覆之。一则令其可改，一则令其有所顾忌而不敢纵。见人有微长可取，小善可录，翻然舍己而从之，且为艳称而广述之。

这里主要讲与人为善，并通过事情、道理来证明。先讲舜以身作则教化百姓的故事。看到渔人相争，聪明睿智的舜并没有用言语来说教，而是用行动来感化并引导百姓效仿，可见其良苦用心和智慧之处。接着讲道理，怎么样才能与人为善？即不用自己的长处、优势去掩盖别人的光芒，也不拿自己所做的好事和他人比较，也绝对不用自己的才华、能力要求别人。这里还讲到要隐恶扬善，这又是为什么呢？"隐恶"是让人能改正，有所顾忌，不为非作歹；"扬善"则是给人以鼓励，并广为传扬其善行。

何谓爱敬存心?君子与小人,就形迹观,常易相混。惟一点存心处,则善恶悬绝,判然如黑白之相反。故曰:君子所以异于人者,以其存心也。君子所存之心,只是爱人敬人之心。盖人有亲疏贵贱,有智愚贤不肖;万品不齐,皆吾同胞,皆吾一体,孰非当敬爱者?爱敬众人,即是爱敬圣贤;能通众人之志,即是通圣贤之志。何者?圣贤之志,本欲斯世斯人,各得其所。吾合爱合敬,而安一世之人,即是为圣贤而安之也。

这是在说我们要怀有爱心和恭敬心。《孟子》中讲:"君子所以异于人者,以其存心也。君子以仁存心,以礼存心。仁者爱人,有礼者敬人。爱人者,人恒爱之;敬人者,人恒敬之。"我们要真诚地爱护、关心他人,常怀恭敬心。

稻盛和夫也曾讲道:"在这个纷乱浮躁的时代,需要打下'敬天爱人'这根桩。""敬天爱人"是稻盛和夫哲学的核心理念,"敬天"是讲做任何事情都要遵循规律,"爱人"就是指"利他",夸张点说,这里的"他"可以包含一切,如社会、客户、员工、邻居等。扩而广之,"爱敬存心"不仅可以用在为人处世中,也可以用到工作、生活中。

何谓舍财作福？释门万行，以布施为先。所谓布施者，只是舍之一字耳。达者内舍六根，外舍六尘，一切所有，无不舍者。苟非能然，先从财上布施。世人以衣食为命，故财为最重。吾从而舍之，内以破吾之悭，外以济人之急。始而勉强，终则泰然，最可以荡涤私情，祛除执吝。

稻盛和夫的"利他"理念也是在《了凡四训》中得到启发的。《易经》讲"积善之家，必有余庆"，人们也常讲"种善因，得善果"，不把财物看得过重，既可以破除自己的吝啬之心，也可以帮助他人。

稻盛和夫不仅是一位优秀的企业家，而且积极投身到社会公益活动中。"人生之最崇高的行为，就是为社会、为人类倾尽全力。"稻盛和夫秉持着这样的理念，积极回馈社会。

我们应该向稻盛先生学习，在追求自我幸福和实现人生价值的同时，也能为人类社会的进步和发展做出贡献。